POWER

Inspirierende Frauen

HEIDE CHRISTIANSEN | UTE LAATZ

POWER

Inspirierende Frauen

callwey

EINLEITUNG **6**

INSPIRIERENDE FRAUEN

SERVICE

EINLEITUNG

Power ist ein großes Wort. Sie treibt Menschen an und schafft mit positiver Energie Wandel zum Besseren. Und sie ist nicht aufzuhalten. Wie ein Funke, der überspringt, sorgt die pure Lust am Gestalten für Antrieb und Produktivität. Vielleicht nicht immer ohne Rückschläge, aber die gehören zu jedem Vorwärtsdrang fast zwangsläufig dazu.

Jede Menge Power haben fraglos auch die 21 Protagonistinnen, die wir in diesem Buch vorstellen. So unterschiedlich sie alle sind und trotz aller Individualität, mit der diese Frauen ihren Karriereweg eingeschlagen haben, eint sie alle doch der unbedingte Wille, ihr Leben und nicht zuletzt auch ihr Lebensumfeld nach ihren eigenen Vorstellungen zu gestalten. Und das ganz und gar nicht als »Machtmenschen« (als die Powerfrauen vielleicht missverstanden werden können), sondern vielmehr mit der Lust am Miteinander, Austausch und der puren Freude, andere mit dem eigenen Enthusiasmus anzustecken. Denn auch das ist Power.

Ob erfolgreiche Buchautorin, Architektin, Köchin, Journalistin oder Filmemacherin – sie alle haben uns intime Einblicke in ihren Alltag sowie ihr privates Arbeitsumfeld gewährt und von ihrem beruflichen Werdegang berichtet. Wo und wie sie ihre kreativen Ideen entwickeln, was sie motiviert, an-, aber auch aufregt und nicht zuletzt, was ihnen täglich die nötige Kraft spendet, haben sie in persönlichen Gesprächen mit wohltuender Offenheit erzählt. Dazu öffnen sie uns die Tür zu ihren höchst individuell gestalteten Wirkungsstätten: Ob Büro, Werkstatt, Atelier, Küche oder Homeoffice – frei nach dem Motto »Zeig mir, wo du arbeitest, und ich sag dir, wer du bist« bieten diese inspirierenden Persönlichkeiten als Role Models neben persönlichen Tipps aus eigener Erfahrung und Überzeugung auch jede Menge optische Ideen und Anregungen für die Gestaltung des Arbeitsplatzes. Dass der weit mehr sein kann als nur der obligatorische Schreibtisch, lässt sich anhand von 21 stilvollen, kreativen und individuellen Interieurs anschaulich entdecken.

Wir wünschen Ihnen viel Freude beim Kennenlernen und ansteckend powervolle Begegnungen,

Heide Christiansen und Ute Laatz

HOME
STORIES

FOTOS ANDRÉ KIRSCH

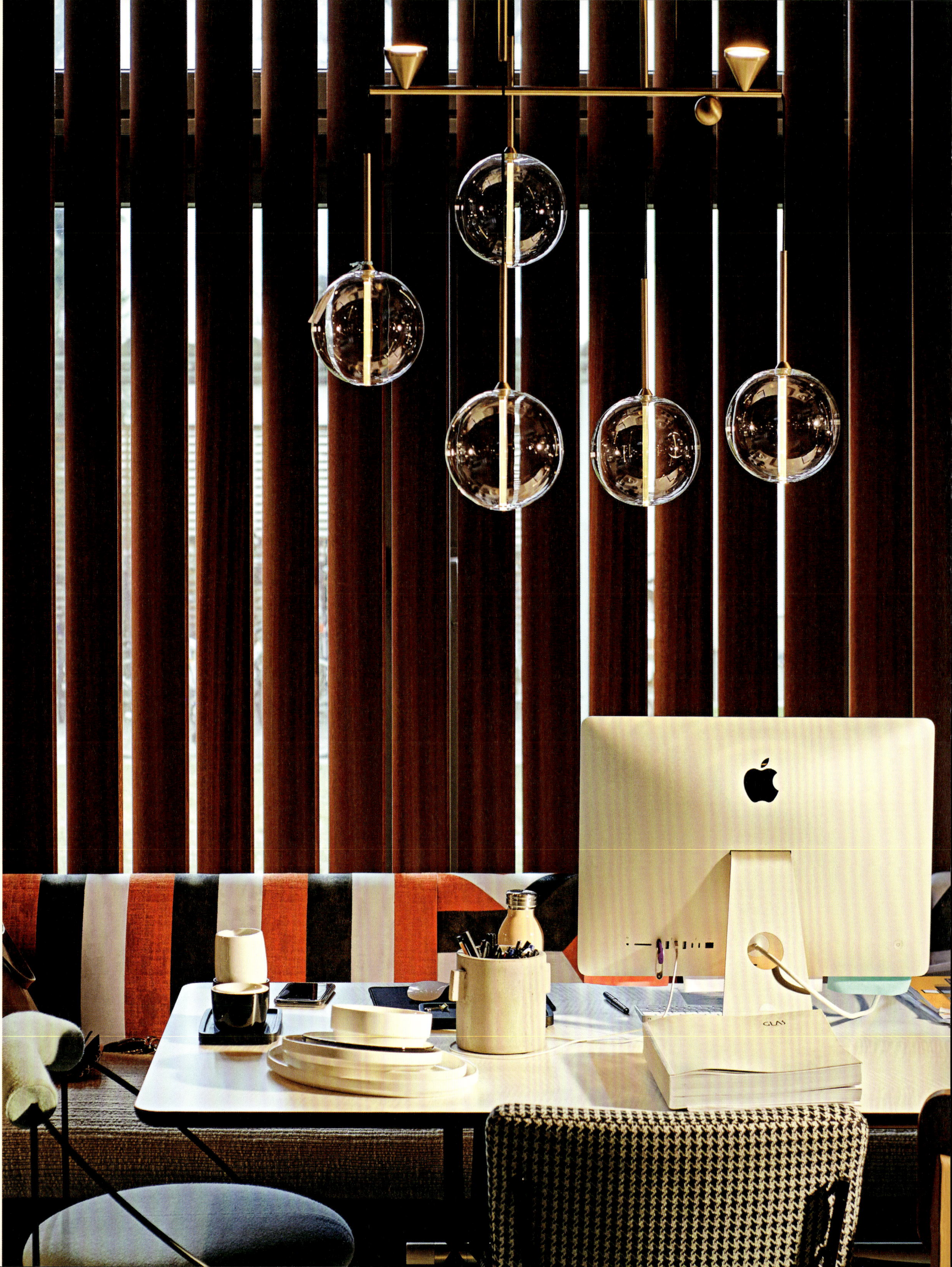

STEPHANIE THATENHORST
INTERIOR DESIGNERIN

Zwischen Trubel und Muße

Mit zwei Wohnsitzen ist die Interior Designerin
Stephanie Thatenhorst daran gewöhnt, im Spagat zu leben.
Eine Wohnung in München, in Steinwurfnähe zu ihrem Büro,
sowie der familiäre Zufluchtsort am Chiemsee zwingen der
Interior Designerin die nötige Flexibilität auf.

Aber das stellt für die Powerfrau keine Herausforderung dar – im Gegenteil. Der jeweilige Aufenthaltsort hilft ihr dabei, sich zu fokussieren und allen ihren Aufgaben zwischen Teamwork und kreativer Klausur gerecht zu werden

D ie Antwort auf die Frage, was sie täglich antreibt und motiviert, ist für Stephanie Thatenhorst die leichteste Übung. »Ich habe das Privileg, meine Leidenschaft zum Beruf gemacht zu haben, und darüber bin ich jeden Tag total glücklich«, konstatiert sie mit aller Verve, mit der die 43-Jährige ohnehin im Übermaß gesegnet ist. Und dass dieser Tatendrang noch zu einem Ergebnis führt, das tagtäglich sichtbar wird, zu bestaunen ist und die Kunden zufrieden stimmt, macht den oftmals hektischen Alltag mehr als wett. Ihr Beruf ist die Inneneinrichtung von Wohnungen und Häusern, Gastronomie und Hotels. Begonnen hat Stephanie Thatenhorst ihre Karriere mit einem Architekturstudium an der FH in München. Nach erfolgreichem Abschluss ging sie jedoch nicht den klassischen Weg in eine Anstellung, sondern unterstützte ihren Mann bei seinen Aktivitäten im gastronomischen Bereich. »Das war für mich der erste in einer Reihe glücklicher Umstände, für die Ausstattung der Läden

zuständig zu sein«, erinnert sie sich an ihre lehrreichen Anfangsjahre. »Und als ich mich schließlich nach sechs Jahren für die Selbstständigkeit entschieden habe, musste ich keinen Tag kalte Akquise betreiben«, ist die Gründerin ihres eigenen Interior-Design-Studios eines aktuell 20-köpfigen und stetig anwachsenden Teams noch heute froh über die Fügungen, die ihr von Anfang an dank Mund-zu-Mund-Propaganda in der Branche volle Auftragsbücher bescherten.

»Ich habe das Privileg, meine Leidenschaft zum Beruf gemacht zu haben, und darüber bin ich jeden Tag total glücklich«

Um das Leben mit Mann und Kindern, Angestellten und Kunden zu bewältigen, braucht die geborene Frohnatur nicht viel. Ihr Lebenselixier ist grüner Tee mit Ingwer, der ihr wie ein Zaubertrank im Nu Energie und Ausgeglichenheit spendet und sie in der Thermoskanne wirklich überallhin begleitet. Das haben längst auch ihre Mitarbeiter verstanden und der Chefin mit vielleicht einem kleinen Funken Selbstzweck einen

↖ Das lange Sofa ist perfekt für kommunikative Zusammenkünfte
←← Die Arbeitsplatte der Küche wird für eine schnelle Mail auch schon mal zum Schreibtisch
← Stephanie Thatenhorst vor dem Aufgang zu ihrem Wohnglück

↑ *In der offenen Küche*
kann der Blick schweifen –
auch hinaus durchs Fenster
in die schöne Alpenland-
schaft
→ *An eine Scheune erinnern*
fast nur noch die frei lie-
genden Eichenholzbalken

großzügigen Gutschein für den Nachschub zum letzten Weihnachtsfest geschenkt.

Von starren Hierarchien im Team hält Stephanie Thatenhorst nicht viel, was nicht zuletzt in der Verteilung der Räumlichkeiten sichtbar wird. Erst kürzlich ist der Mitarbeiterkreis um fünf Mitarbeiter gewachsen, das Büro platzt spätestens seither förmlich aus allen Nähten. Man ist auf der Suche nach größeren Räumlichkeiten, was allerdings im Zentrum von München kein leichtes Unterfangen ist. Aber das stört Stephanie Thatenhorst nicht sehr. Sie weiß sich zu helfen und hat kurzerhand ihr eigenes »Chefbüro« zugunsten der »Neuen« frei gemacht. Seitdem sitzt sie mal hier mal da, mitten im kreativen Chaos des Studioalltags, das so lange währt, bis mal wieder von allen die vielen Magazine, Bildbände, Materialproben und Pläne aufgeräumt werden für einen Moment der Ordnung. Ruhe für Ideen und Inspirationen findet Stephanie Thatenhorst ohnehin nicht hier im Büro, wo eher die Absprachen und administrativen Aufgaben im Teamwork erledigt werden.

»Ein Blick aufs Wasser und in Berge macht mir sofort den Kopf frei.«

Zum Nachdenken und um kreative Prozesse in Gang zu setzen, zieht sich die Mutter zweier Söhne in ihre zum Wochenend- und Ferienhaus umgebaute Scheune am Chiemsee zurück. »Ein Blick aufs Wasser und in Berge macht mir sofort den Kopf frei. Wenn ich mal mit einem Problemfall nicht weiterkomme, kehr ich garantiert nach einer Joggingrunde durch die Moorlandschaft mit der Lösung zurück«, verrät sie ihr zuverlässiges Geheimrezept, auf neue Ideen zu kommen. Ihr Lieblingsplatz ist deshalb auch das Daybed auf dem Balkon. Von dem gemütlichen Plätzchen hat man eine Aussicht in die malerische

STEPHANIE THATENHORST | INTERIOR DESIGNERIN

SCHEUNE IN NEUEM GLANZ

Natur, die fast schon an Kitsch grenzt, wie Stephanie Thatenhorst lachend ihr perfektes Landidyll kommentiert. Dass sie hier ihre Batterien ab und an aufladen muss und sich selbst eine kleine Auszeit gönnt, musste sie auch erst lernen. Vor zwei Jahren hat ein akuter Burn-out die Powerfrau ausgebremst und ihr schmerzhaft ihre Grenzen aufgezeigt. »Das hat mich wirklich umgehauen. Aber ich habe verstanden, dass ich einmal ganz tief unten sein musste, um die Stärke, die ich jetzt habe, erlangen zu können.

»Wenn ich mal mit einem Problemfall nicht weiterkomme, kehr ich nach einer Joggingrunde durch die Moorlandschaft mit der Lösung zurück.«

Oder vielleicht noch mehr an mir zu wachsen.« Stephanie Thatenhorst erzählt über die Erfahrung des Zusammenbruchs ganz offen, denn sie findet, dass das kein Tabu sein sollte und es auch anderen hilft zu erkennen, dass man nicht allein damit ist. Letztendlich hilft so ein Tiefpunkt ihrer Meinung nach auch, Mechanismen zu entwickeln, um gegenzusteuern und sich zukünftig vor unerträglichen Belastungen besser zu schützen. Und auch wenn der letzte »richtige« Familienurlaub schon eine Weile zurückliegt, sorgen regelmäßige Auszeiten hier am See mit viel Quality Time für die Familie und Yoga-Sessions für die wichtige, innere Balance.

↖ Inspirationen gibt es in Stephanie Thatenhorsts Showroom buchstäblich in jeder Ecke!
← Die Fachfrau macht's vor: So geht Arbeitsplatz wohnlich gestalten

STEPHANIE THATENHORST | INTERIOR DESIGNERIN

↖ Dass viel Farbe nicht
gleich bunt bedeutet,
macht dieses Arrangement
vor
← Mit femininer Hand-
schrift entstehen typische
Thatenhorst-Ambiente
↑ Auf Kuschelkurs: Arbeit
kann so vergnüglich sein –
vor allem, wenn dabei eine
eigene Kissenkollektion
entsteht

STEPHANIE THATENHORST
Wichtige Tipps

1

Die Einrichtung eines Büros sollte dem Geschmack und keinen Konventionen entsprechen. Stephanie Thatenhorst sitzt bei der Ausstattung ihres Arbeitsumfelds natürlich an der Quelle. Und um anderen auch Inspirationen und Möglichkeiten zu liefern, ohne sie gleich mit der Ausstattung beauftragen zu müssen, gibt es jetzt auch einen Showroom und einen Onlineshop unter stephanie-thatenhorst.de.

2

DIE INNERE UHR.
Auch wenn ausgedehnte Ferien im Kalender noch in weiter Ferne stehen, helfen regelmäßige Auszeiten und Rituale wie Yoga, Jogging, aber auch regelmäßige Treffen mit Freunden dabei, den Energiehaushalt zu füllen.

3

Unangenehme Gespräche und Termine lassen sich nicht vermeiden. Der Trick ist, sich nicht lange mit der Schuldfrage zu befassen, sondern ganz pragmatisch die Problembewältigung anzugehen.

4

WAS SIE WIRKLICH NERVT,
sind die Hunderte von Mails jeden Tag. Stephanie Thatenhorst erhält auch alle Nachrichten, die an ihre 20 Mitarbeiter gehen, in Kopie, um auf dem Laufenden zu bleiben. Das sind echte Zeitfresser, und sie arbeitet noch daran, eine Assistentin zu finden und anzulernen, die ihr mittelfristig viele der administrativen Aufgaben abnimmt.

Follow your heart! Und eine große Portion an Gelassenheit, Dankbarkeit und Zuversicht! Für Stephanie Thatenhorst steht das Bauchgefühl an erster Stelle. Ihre eigene Erfahrung gibt ihr recht, und so rät sie jedem, der einen (beruflichen) Traum hat, es einfach zu machen.

20 | 21

STEPHANIE THATENHORST | INTERIOR DESIGNERIN

FOTOS ANDRÉ KIRSCH

MARIE AIGNER
ARCHITEKTIN

Standbein– Spielbein

Hier dürfen nicht nur Augen, sondern auch
Ohren staunen: Marie Aigner widmet
sich neben der optischen Gestaltung von Häusern
auch deren Akustik.

Ihre originellen Objektentwürfe für den perfekten Sound im Raum führen sie immer wieder weg vom Computer hinein in die Werkstatt, wo statt grauer Theorie Intuition und praktisches Experimentieren mit Materialien gefragt sind

I

hr Arbeitsplatz könnte inspirierender kaum sein, befindet er sich doch in einer der ersten Adressen von München überhaupt. Die Diesel-Villa wurde vom namensgebenden Ingenieur und Motoren-Erfinder Ende des 19. Jahrhunderts in Auftrag gegeben und gehört seit damals zu den architektonischen Perlen des an Prachtbauten ohnehin nicht armen Stadtteils Bogenhausen. Um dem geschichtsträchtigen Haus die Schwere zu nehmen, hat Marie Aigner mit der ihr eigenen Unerschrockenheit das herrschaftliche Ambiente wahrlich umgekrempelt. Das Ergebnis ist ein Interieur, das vortrefflich als Verkörperung ihrer zwei Disziplinen gelten kann: die Architektur und die Kreation von Akustikobjekten. Letztere entwirft und fertigt die 46-Jährige in ihrer Werkstatt im Münchner Umland, wohin es sie je nach Auftragslage und Geschäftsterminen nach dem Frühstück zieht. In diesen Tagen bleibt ihr knallrot lackierter Schreibtisch in der Beletage der Villa bis zum Nachmittag verwaist.

»Ich verlasse dann meist mit Oscar morgens das Haus, um später rechtzeitig zurück zu sein«, beschreibt sie ihre gewohnte Tagesroutine, die sie, so gut es geht, am Schulalltag des Zwölfjährigen angepasst. Marie Aigners Sohn Oscar ist Teil der Patchworkfamilie, zu der auch die vier inzwischen erwachsenen Kinder ihres Mannes gehören. Nicht nur um Privatleben und Arbeit in Balance zu bringen, sind ihr die Planbarkeit und eine gewisse Routine im Tagesgeschehen

»Ich bin ein durch und durch disziplinierter Mensch, und ich muss das Gefühl haben, den Überblick zu behalten, sonst werde ich nervös«

wichtig. »Ich bin ein durch und durch disziplinierter Mensch, und ich muss das Gefühl haben, den Überblick zu behalten, sonst werde ich nervös«, gesteht die zweifache Unternehmerin, die aus eben jenem Pflichtbewusstsein hauptsächlich auf Wunsch ihrer Mutter das Architekturstudium an der Münchner TU sowie in Paris

↖ Marie Aigner inszeniert ihre Akustikskulpturen wie Kunstobjekte. Auch auf dem eigenen Kopf. Chapeau
←← Die herrschaftliche Villa erhält durch die unkonventionelle Einrichtung ihren coolen Marie-Aigner-Look
← Viel modernde Kunst überspielt die gediegene Holzvertäfelung

erfolgreich absolviert hat. Ihr Herz schlug aber schon von jeher fürs freie Gestalten jenseits von reglementierenden Bauregeln. Und so war es ein glücklicher Zufall, der ihr vor Jahren neben dem Auftrag, die Firmenzentrale von Pinta Acoustic neu zu gestalten, auch gleich eine unerwartete neue Wirkungsstätte einbrachte. Denn fortan entwirft sie nicht nur mehr Häuser, sondern auch schallschluckende Möbel und Installationen aus Recyclingmaterial für ganzheitliche Raumwelten. Jede Menge Leidenschaft sorgt tagtäglich für die nötige Energie. »Ich brauche wirklich keinen besonderen Anreiz für meine Arbeit.

> »Ich brauche wirklich keinen besonderen Anreiz für meine Arbeit. Die Lust ist von allein groß genug, mich jeden Morgen frisch ans Werk zu machen«

Die Lust ist von allein groß genug, mich jeden Morgen frisch ans Werk zu machen«, sagt Marie Aigner. Aber ein Ritual für den Start in den Tag hat sie dennoch. Denn noch vor dem Frühstück schwingt sie sich seit einer Knie-OP im vergangenen Jahr auf ihr Peloton-Rad, um sich mit 20 Minuten Spinning und anschließenden Yoga- oder Pilates-Übungen fit für anstehende Herausforderungen zu machen. Und wenn ihr wirklich mal die Ideen ausgehen oder ihr für ein Problem noch keine Lösung eingefallen ist, hilft ein Ausflug in der Natur – im Winter gern auf Alpin- oder Langlaufskiern. Motivation liefert auch die nackte rote Tischplatte, die zu Tagesbeginn und zum Start eines neuen Projekts sowieso unbedingt frei geräumt sein muss. Unterlagen und Vorgänge, die später noch benötigt werden, wandern genau wie Sammlungen von Büchern, Zeitschriften oder Pläne für den buchstäblichen

MARIE AIGNER | ARCHITEKTIN

↖ Der humorvolle Umgang
mit der repräsentativen
Architektur dokumentiert
die selbstbewusste Hand-
schrift der Architektin
↑ Auf unkonventionelle
Art erfüllt Marie Aigner
das geschichtsträchtige
Haus mit Leben
← Typische Farb- und
Formenspiele à la Marie
Aigner

Überblick auf den Boden. Aufeinandergestapelt werden dürfen diese aber nicht, denn das würde die Suche nach einer bestimmten Sache später nur verkomplizieren. Ansonsten benötigt Marie Aigner keine besonderen Inspirationsquellen. Jeder Gegenstand mit einer interessanten Form kann ihr als Grundlage für eine neue Idee dienen - und der zu gestaltende Raum spielt natürlich auch eine wichtige Rolle. Und auch wenn manche Tätigkeiten sie dazu zwingen, sich in ihr Büro zurückzuziehen, ist sie doch viel lieber im Raum nebenan bei ihren Mitarbeitern. »Ich kann sehr gut alleine arbeiten. Doch im Team kann man lachen und von einander lernen. Es ist äußerst selten, dass zwei Menschen den gleichen Ansatz wählen, jeder löst ein Problem auf andere Weise. Und genau deshalb ist das Arbeiten in einem guten Team so bereichernd«, findet Marie Aigner. Überhaupt ist ihr der Austausch mit (klugen) Menschen wichtig. Viel Lesen, Nachdenken und intelligente Gespräche tragen maßgeblich dazu bei, die eigene Persönlichkeit zu bilden. »Positiv altern« nennt Marie Aigner das und bewahrt sich mit ihrem Humor und ihrer Neugierde eine gewisse kindliche Unbefangenheit, die womöglich der Schlüssel zu ihrer unermüdlich sprudelnden Kreativität ist.

↖ Auch lederne Damenhandschuhe werden bei entsprechender Inszenierung zur Dekoration
← Designklassiker und eigene Möbelentwürfe bestimmen den Stil des Hauses
→ Der Esstisch aus der Feder von Marie Aigner paart sich hier mit Cassina-Stühlen

UMGEBEN VON STIL

MARIE AIGNER | ARCHITEKTIN

MARIE AIGNER

Wichtige Tipps

1

Wer den Plan in sich trägt, eine künstlerische Tätigkeit auszuüben, dem rät Marie Aigner, den Mut zu haben, seine Wünsche zu formulieren und sich nicht ablenken zu lassen. Manchmal muss man sogar den Verstand ausschalten und seiner inneren Stimme vertrauen. »Denn die anderen können womöglich diskrete Zeichen und subtile Anmerkungen nicht richtig deuten – klare Ansagen schützen vor falschen Erwartungen auf beiden Seiten«, so Marie Aigner.

2

Für die Einrichtung von Räumen – ob für sich selbst oder ihre Auftragsprojekte – ist Marie Aigner ein großer Fan von individuellen Anfertigungen. Deshalb ist ihre erste Empfehlung für den Möbelkauf auch der örtliche Schreiner des Vertrauens.

3

Auch wenn Sortieren eine Menge Zeit beansprucht: Für Marie Aigner ist das eine wichtige Phase. Kurz innehalten und zur Ruhe kommen. Denn die Dinge sortieren sich bei dieser Tätigkeit nicht nur physisch, sondern auch im Kopf. Und das spart an anderer Stelle tatsächlich mehr Stunden, als hier aufgewendet werden.

4

NICHT ZU HOHE ANSPRÜCHE

an sich selbst stellen. Ideen, die man selbst nicht favorisiert, können beim Auftraggeber durchaus gut ankommen. Und solche, die man selbst genial findet, werden abgelehnt. Hier hilft: Besser locker bleiben und die Sache mit Humor nehmen. Besser locker bleiben und sich nicht zu ernst nehmen.

Wenn die kreativen Ideen einmal ausbleiben, sollte man sich theorethischen Aufgaben oder stattdessen sich erst mal einer anderen Arbeit widmen. Meist kommt der Geistesblitz dann von ganz allein.

MARIE AIGNER | ARCHITEKTIN

EINRICHTUNGS-EMPHEHLUNGEN VON MARIE AIGNER

www.morentz.com
*Hoogeinde 37,
5142 GB Waalwijk,
Niederlande*

www.galleryfumi.com
*2 Hay Hill, Mayfair,
London W1J 6AS,
Großbritannien*

www.galeriekreo.com
*31, rue Dauphine,
Paris, Frankreich*

**Gebrüder Thonet
Werkstätten**
weltweit tätig

KNOLL international
*Piazza Bertarelli 2,
20122 Mailand, Italien*

USM Haller
*Thunstrasse 55,
3110 Münsingen, Schweiz*

FOTOS MAJID MOUSSAVI

ANNA VON MANGOLDT

FARBDESIGNERIN

Passion und Profession

Schon früh waren Farben und ihre Wirkung eine echte Leidenschaft von Anna von Mangoldt. Aus ihrer ange- borenen Experimentierfreudigkeit mit Pinseln und Pigmen- ten ist eine Geschäftsidee geboren, die sich inzwischen zu einem florierenden Unternehmen entwickelt hat.

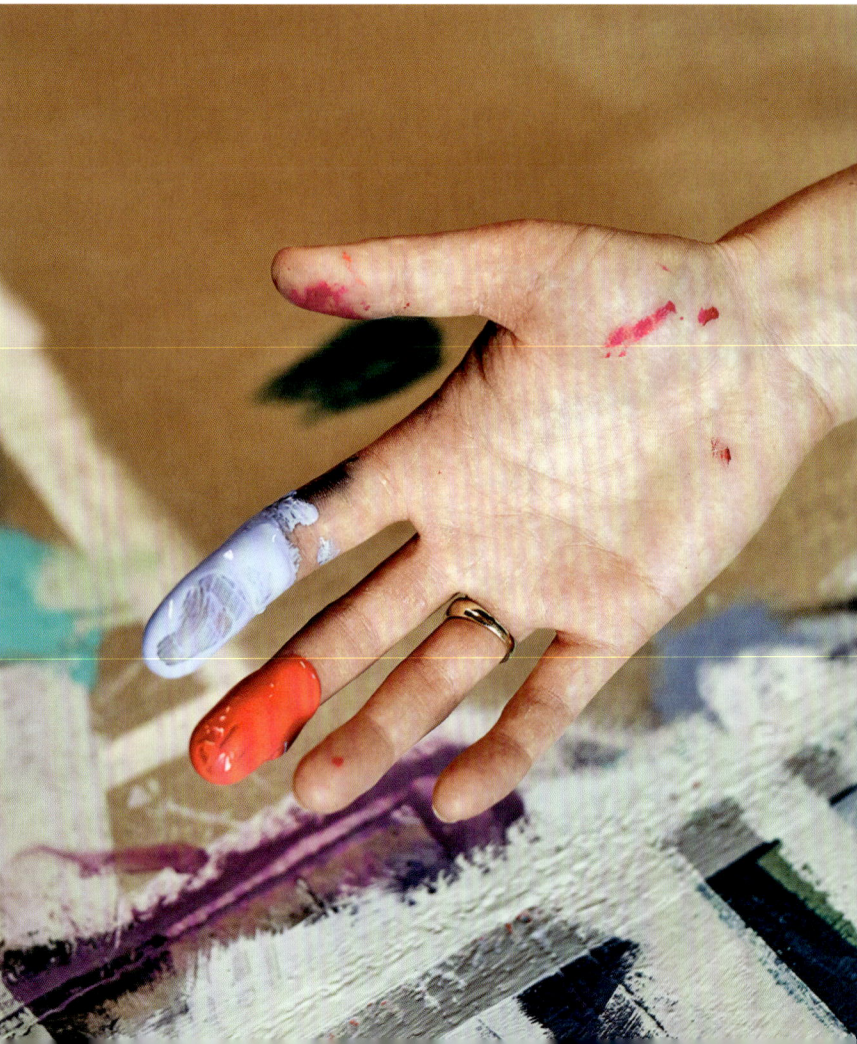

In ihrem lichtdurchfluteten Atelier steht der lange Tisch als wandelbare Projektionsfläche für neue Kompositionen und Konzepte, die die Farbdesignerin für ihre Kunden individuell ausarbeitet

S

ie ist ein Landmensch. Durch und durch. Und so ist es kein Wunder, dass es die 35-Jährige nach aufregenden Stationen in ihrem Geburtsland Brasilien und einem Studium in England zurück in die ostwestfälische Heimat gezogen hat. Inzwischen lebt Anna von Mangoldt mit ihrem Mann und zwei kleinen Kindern in Düsseldorf, pendelt aber häufig zwischen der Landeshauptstadt und dem Unternehmenssitz in Warburg. Auf die Dauer möchte die junge Familie gerne zurück nach Ostwestfalen ziehen. Darauf freut sich die Farbexpertin und Unternehmerin schon sehr, bedeutet doch der Umzug neben der Familienzusammenführung von Großeltern und Enkeln auch den näheren Austausch mit ihrer eigenen Mutter und engsten Geschäftspartnerin. Christina von Mangoldt hat ihre Tochter nämlich von Anfang an bei deren Geschäftsidee unterstützt, inzwischen berät sie selbst die Kunden bei der individuellen Gestaltung ihrer Farb- und Wohnwelten.

Der Ursprung von Anna von Mangoldts kleinem Farbimperium liegt in Oxford, wo die Studentin der Kunstgeschichte bei Englands Farb-Ikone Annie Sloan ursprünglich ein Praktikum absolvierte. Der Umgang mit Kreidefarben und die schnelle Verwandlung von Möbeln, Einbauten und nicht zuletzt Wänden animierte sie dazu, das hier noch wenig bekannte Angebot der hochwertig pigmentierten Farben nach Deutschland zu exportieren. »Inzwischen werden auch die Deutschen mutiger und ihre Wände bunter«, resümiert Anna von Mangoldt, froh über den Wandel in den letzten zehn Jahren, der ihr Geschäft durchaus positiv beeinflusst hat. »Aber ich musste feststellen, dass die Farben aus England, genau wie solche aus Frankreich und Skandinavien, nicht perfekt in unsere Wohnverhältnisse passen. Farbe hat mit Stil und auch viel mit Licht zu tun. Man würde ja bei uns auch kein sattes Orange,

»Inzwischen werden auch die Deutschen mutiger und ihre Wände bunter«

das in Marokko so toll wirkt, verwenden«, erklärt sie ihre ersten Versuche, die fertigen Farben individuell abzumischen, um den richtigen Ton zu treffen. Und weil ihr auch die Gebinde eigent-

↖ Mit Leidenschaft und voller Konzentration widmet sich Anna von Mangoldt ihrem Lieblingsthema Farbe
←← Ein Raum mit Geschichte – das ehemalige Esszimmer der Familie dient inzwischen als Atelier
← Manchmal muss man eben selbst zur – Pardon, in die – Farbdose greifen

lich zu klein waren – »ich wollte große Eimer!« –, begann die erfolgreiche Studienabsolventin und frischgebackene Jungunternehmerin, eigene Rezepturen zu entwickeln. Mittlerweile umfasst ihre Kollektion 180 Farbtöne, die perfekt in die Lichtverhältnisse hierzulande passen. In dem Fabrikgebäude ihres Vaters mietete sie anfangs einen Raum, inzwischen eine große Halle mit Büros. Dort wird jeder Auftrag per Hand gemischt. Ein echtes Manufakturprodukt also, bis heute. Den auch kommerziellen Durchbruch erlangte das Produkt »Anna von Mangoldt« mit einer ausführlichen Reportage in der Zeitschrift Landlust. »Ich lebe meinen beruflichen

»Farbe hat mit Stil und auch viel mit Licht zu tun. Man würde ja bei uns auch kein sattes Orange, das in Marokko so toll wirkt, verwenden«

Traum, aber der Aspekt, mit meiner Arbeit Geld zu verdienen, ist eben auch ein wesentlicher. Auf die Dauer wäre ja auch der Aufwand gar nicht möglich«, gibt die Chefin von acht festen Mitarbeitern und weiteren zehn Aushilfen erfrischend freimütig zu. Die ersten fünf Jahre seit

↖ Wie ein Stillleben eines alten Meisters wurde Deko-Obst in einer Schale arrangiert
← Helle Farbigkeit und luftige Raumhöhen vereinen sich zum lässig-großzügigen Gesamteindruck
→ Der zart hellblaue Anstrich zeugt im übertragenen wie wortwörtlichen Sinn von Anna von Mangoldts Handschrift

ANNA VON MANGOLDT | FARBDESIGNERIN

MUT UND LIEBE ZUR FARBE .

↑ Farbmixturen sind ihre
Leidenschaft. Anna von
Mangoldt im Schaffens-
prozess
→ Manufakturarbeit bis ins
kleinste Detail: Selbst die
Etiketten werden liebevoll
von Hand aufgebracht

der Gründung im Jahr 2010 haben Anna von Mangoldt auch einiges Lehrgeld gekostet und ließen keine großen Sprünge zu. »Natürlich ist ein Geschäft selten gleich von Beginn an lukrativ, aber es müssen Fortschritte erkennbar sein«, war und ist ihr Anspruch an die Selbstständigkeit. So konsequent und klar wie in ihrer Unternehmensstrategie ist Anna von Mangoldt auch bei der Organisation ihres Berufs- und Privatlebens. Dafür wechselt sie sogar den Namen. Denn während »von Mangoldt« ihr Mädchenname ist, trägt sie im zivilen Leben den Nachnamen ihres Mannes. Ein vielleicht nicht so geplanter, aber letztendlich doch raffinierter Kunstgriff, der Grenzen zieht. Wobei – eigentlich sind die Grenzen alle schwimmend und die Familienbande ziehen sich durch das Unternehmen wie ein roter Faden. Das heutige Atelier in einem historischen Fachwerkhaus war früher das Esszimmer der Familie, in dem Anna und ihre vier jüngeren Geschwister mit den Eltern am langen Tisch saßen. »Ich bin aber nicht besonders senti-

»Ich liebe es eben, Räumen öfters einen neuen Look zu geben. Das ist mein Traumjob«

mental, und so habe ich hier fast alles geändert. Wände und Boden erhielten erst gerade einen neuen hellen Anstrich. Ich liebe es eben, Räumen öfters einen neuen Look zu geben. Das ist mein Traumjob«, lacht Anna von Mangoldt. Der Tisch ist aber geblieben, und er trägt stoisch die Last, die ihm täglich in Form von Büchern, Unterlagen, Farbeimern und anderen Inspirationsquellen aufgebürdet wird. »Ordnung ist mir wichtig, aber ich bin eine unordentliche Person. Daher verbringe ich immer viel zu viel Zeit mit Aufräumen«, gesteht sie und weiß die Momente, die das Sortieren benötigt, doch immer gut für kleine Gedankenspiele und neue Inspirationen zu nutzen.

ANNA VON MANGOLDT | FARBDESIGNERIN

↖ *Selbst die Kaffeetasse erscheint inszeniert, so gut harmoniert deren matter Grauton mit dem Lila und dem Holz ...*
↑ *Inzwischen ist sie zweifache Mutter – der Spagat zwischen Privat- und Berufsleben ist aber schon lange erprobt*

ANNA VON MANGOLDT

Wichtige Tipps

1

Anna von Mangoldt hat schon mit 24 Jahren ihr Unternehmen gegründet. Für sie im Nachhinein eine gute Entscheidung, die sie jedem raten kann. »Man trägt noch keine große Verantwortung und hat viel Energie. Zudem kann kein Studium praktische Erfahrung ersetzen. Wichtig ist, von Beginn an betriebswirtschaftlich zu denken. Ich habe anfangs den Fehler gemacht, schlecht zu kalkulieren und zu wenig zu verdienen.«

2

DAS WICHTIGSTE IST NEBEN FUNKTIONALITÄT DIE ATMOSPHÄRE.

Man muss sich gerne im Büro aufhalten. Es bedarf nicht unbedingt teurer Möbel. Man kann auch aus Vorhandenem ein schönes Homeoffice einrichten – aber die Farben und Beleuchtung müssen stimmen.

3

Die Festlegung von Kernarbeitszeiten macht es auch jungen Müttern wie Anna von Mangoldt leichter, selbstständiges Arbeiten und Familienleben zu organisieren. Wenn es noch viel zu tun gibt, verlegt sie anstehende Aufgaben einfach in den Abend.

4

ALLTAG IST WICHTIGER ALS URLAUB.

Was Anna von Mangoldt mit dieser provozierenden Aussage sagen will, ist, dass es keinen Sinn macht, sich für zwei Wochen Auszeit auszupowern. Viel besser und nachhaltiger ist es, in jeden Tag regelmäßige kleinere Highlights ein- und damit aufgestauten Stress abzubauen.

Beim Start einer neuen Geschäftsidee muss nicht alles gleich perfekt sein. Anna von Mangoldt hatte diesen Anspruch und zu Beginn viel Geld in Hochglanzbroschüren gesteckt. Im Nachhinein eine unnötige Investition, findet sie, vor der sie andere gern bewahren möchte.

ANNA VON MANGOLDT | FARBDESIGNERIN

FOTOS ANDRÉ KIRSCH

HEIDI KRANZ
FILMREGISSEURIN

Film ab!

Von einem festen Arbeitsplatz zu reden wäre in
Heidi Kranz' Fall wirklich unangemessen. Ihr Schreibtisch ist die Welt, konstatiert so auch die erfolgreiche
Regisseurin. Denn für ihre Produktionen reist sie zu
internationalen Schauplätzen – klar.

Aber als wäre ihr die Welt nicht genug, stehen in ihrem schönen Zuhause im Münchner Lehel nicht nur ein, sondern gleich drei Schreibtische – jedenfalls, wenn man den so oft zweckentfremdeten Esstisch mitzählt

S chon ihr Start ins Berufsleben war wahrlich filmreif. Denn Heidi Kranz wollte eigentlich Ärztin werden. Aber das Schicksal hatte anderes mit ihr vor und schickte ihr während ihres praktischen Jahrs einen Patienten, der ein großes Talent jenseits der Medizin in ihr entdeckte. Selbst ein bekannter Regisseur und Werbefilmer, überredete der bald Genesene die junge Studentin, sich Einblick in sein Gewerbe zu verschaffen. »Was folgte, waren drei Jahre, in denen ich dank meinem Mentor grundlegende Kenntnisse des Metiers erworben habe«, erinnert sich Heidi Kranz dankbar an ihre intensiven Lehrjahre. »Das Besondere war, dass ich von Anfang an in der Praxis agieren konnte. Die Uhr tickte ständig in Bezug auf Kosten und Timing. Das war natürlich eine ganz andere Schule als die Uni. Hier ging es um Zeit und echtes Geld«, ist sie froh über ihren unkonventionellen Einstieg in die Filmwelt, der heute so, ist sich die inzwischen 74-Jährige sicher, nicht mehr oder nur schwerlich möglich ist.

Heidi Kranz hat ihren Fürsprecher nicht enttäuscht und sich zu einer namhaften Regisseurin in der deutschen Film- und Fernsehwelt entwickelt. Sie dreht 20:15-Uhr-Blockbuster für die Öffentlich-Rechtlichen, beliebte Vorabendserien sowie auch Dokumentationen und Porträts prominenter Persönlichkeiten.

»Ich lese das Drehbuch, und sofort entstehen die Bilder in meinem Kopf«

Bei jedem Projekt beginnt die Arbeit mit dem Drehbuch. »Ich lese es, und sofort entstehen die Bilder in meinem Kopf«, erklärt sie den Beginn ihrer Arbeit, für den sie sich ihren Montblanc-Bleistift und ein Radiergummi zurechtlegt. Im Laufe der ersten Lesung pflückt sie das geheftete Manuskript auseinander, kommentiert, redigiert und sortiert es nach Handlungssträngen, Protagonisten und Location. »Dabei bilden sich in meiner ganzen Wohnung kleine Stapel. Um die Szenen zu verstehen und mir vorstellen zu können, kann ich unmöglich still auf einem Platz sitzen. Ich muss das Gelesene zum Teil selbst ausprobieren, ob es sich so zutragen kann«, beschreibt Heidi Kranz, wie sie einen Raum durchschreitet oder eine Stimmung

↖ Einer der Arbeitsplätze von Heidi Kranz. Die schwarzen Kladden sind ihre ständigen Begleiter, in denen alles akribisch notiert wird
↞ Aus dem rumänischen Tierschutz ab auf den Eames – Heidi Kranz gewährt ihren beiden Hunden freie Platzwahl zwischen Designstücken, Kunst und Souvenirs
← In Hochphasen der Entwicklung wird die komplette Wohnung zum Arbeitsplatz

aufspürt, die die Szene authentisch vermitteln soll. Zu diesem Zweck hat sie in ihrer großen hellen Wohnung gleich zwei Schreibtische aufgestellt. Und auch der große Esstisch wird miteinbezogen, wenn es darum geht, die anstehenden Arbeiten zu verteilen. »Trotzdem sitze ich nicht viel zu Hause«, stellt die Freelancerin klar. »Je nachdem, in welcher Phase der Produktion wir uns befinden, bin ich bei den Office-Mitarbeitern meiner Auftraggeber oder am Handlungsort des Films vor Ort. Ich gehe, wohin man mich schickt«, sagt Heidi Kranz lakonisch über ihre Reisen kreuz und quer über den Globus, die für sie Normalität sind wie für andere die tägliche U-Bahn-Fahrt ins Büro.

»Ich habe bis heute so viel Freude an meiner Arbeit und immer wieder Lust, den Menschen Geschichten zu erzählen«

Um produktiv ans Werk zu gehen, braucht Heidi Kranz nicht viel. »Ich habe bis heute so viel Freude an meiner Arbeit und immer wieder Lust, den Menschen Geschichten zu erzählen«, beantwortet sie die Frage, was sie täglich antreibt. Nötige Anregungen liefert ihr ihre eigene Fantasie. Nachdem sie ein Drehbuch zum sechsten oder gar siebten Mal gelesen hat, kennt sie jedes Wort dank ihres fotografischen Gedächtnisses auswendig. In dieser Phase konkretisieren sich die Ideen der idealen Rollenbesetzungen. Und wenn es doch mal hakt und die Inspiration auf sich warten lässt? »Dann rauch ich eine«, gesteht die passionierte Gelegenheitsraucherin die Ausnahme von der selbst aufgestellten Regel, tagsüber eigentlich keine Zigarette anzufassen.
Weil ein Film eine ausgesprochen komplexe Angelegenheit mit vielen unterschiedlichen Aufgabenstellungen ist, hat sich Heidi Kranz eine spezielle doppelte Buchführung, wie sie

↑ Immer erreichbar – immer online. Heidi Kranz kennt keine konventionellen Arbeitszeiten. Nine to five war nie ihr Ding, Auszeiten nimmt sie, wenn es eben passt
→ Eames Lounge Chair, ClassiCon-Beistelltisch und Hermès-Plaid in bester Gesellschaft, individuell von der Hausherrin arrangiert

HEIDI KRANZ | FILMREGISSEURIN

↖ Begrüßung von Freunden.
Die vier fernöstlichen Gestalten bilden ein char-
mantes Empfangskomitee
↑ Wandgestaltung mit Pe-
tersburger Hängung. Über
Jahre ist die Sammlung
aus Kunst und persönlichen
Erinnerungen gewachsen

es nennt, angewöhnt. In ihrer stets bei sich geführten Kladde trägt sie alle To-dos ein. Den ersten Haken erhält es, wenn die Zuständigkeit geklärt ist, den zweiten, wenn es tatsächlich erledigt ist. »Ein Drehtag kostet viel Geld, da kann man sich Versäumnisse nicht erlauben. Und ich trage für alles die Verantwortung«, untermauert sie ihr Verständnis für ihre Führungsrolle und Autorität. Zu ihren Grundsätzen bei der Arbeit gehört, alles nur einmal zu sagen. Dazwischenquatschen, wenn sie redet, oder nicht zuhören, sind so ziemlich die einzigen Dinge, die den Teammenschen I leidi Kranz ernsthaft nerven können. Ansonsten gesteht sie sich selbst keine Marotten, Extravaganzen und auch keine Antriebsschwäche zu. »Ich bin durch und durch preußisch erzogen. Ich stehe früh auf, da ist die Luft noch klar und frei von negativen Gedanken. So geh ich Tag für Tag frisch ans Werk. Ohne festen Feierabend oder Wochenenden.« Wenn aber ein Film fertig und das Projekt abgeschlossen ist, zieht sich Heidi Kranz in ihr Haus auf Elba zurück, besucht die Schwester in Namibia oder bereist ihren persönlichen Sehnsuchtskontinent Asien. Erfüllt haben sich für Heidi Kranz die meisten ihrer beruflichen Ziele. Eines steht noch aus, aber darüber möchte sie aus Aberglauben lieber noch nicht mehr verraten. Nur, dass es eine Dokumentation über eine besondere Frau sein wird. Man darf gespannt sein!

↖ In dieser Wohnung ist nichts von der Stange. Kuriositäten und Designklassiker gehen einen individuellen Mix ein
← Der Schaukelstuhl von Vitra und der ikonische Container von Kartell in Signalrot
→ Ihr entgeht ganz sicher nichts: Heid Kranz schaut immer ganz genau hin. Auch in die Seelen ihrer Protagonisten

UNKONVENTIONELL UND FREI ·

HEIDI KRANZ | FILMREGISSEURIN

HEIDI KRANZ

Wichtige Tipps

1

Immer gut vorbereitet sein hält Heidi Kranz für einen wesentlichen Erfolgsfaktor. Notizen, Überlegungen oder Skizzen zu verwerfen, um es doch anders zu machen, ist allemal wertvoller, als mit nichts in der Hand dazustehen. Es ist besser, etwas zu haben, an das man sich doch nicht hält – weil man eine konkrete Entscheidungsgrundlage hat, für oder gegen die man sich aussprechen kann –, als vor einer Fülle der Möglichkeiten planlos zu kapitulieren.

2

SCHEITERN

ist komplett in Ordnung, findet Heidi Kranz. Viel schlimmer, als bei etwas zu versagen, wäre doch, später verpasste Chancen zu betrauern. Offen sein für Überraschungen im (Berufs-)Leben ist das beste Mittel, spannende Aufgaben zu erhalten und sich weiterzuentwickeln.

3

Heidi Kranz selbst war Quereinsteigerin in ihren Beruf als Regisseurin. Sie empfiehlt jeder Frau zu tun, was sie will, und sich nicht beirren zu lassen. Gerade Frauen werden ihrer Meinung nach oft unterschätzt. Deshalb plädiert sie für Zutrauen in die eigenen Fähigkeiten und Courage.

4

SEIN EIGENES ORDNUNGSSYSTEM

zu entwickeln ist entscheidend, um den Überblick über anstehende Aufgaben zu bewahren. Was bei Heidi Kranz für andere wie eine chaotische Zettelwirtschaft mit lauter Papierhaufen aussieht, hat in Wirklichkeit strenge Struktur. Nur eingreifen darf niemand außer ihr selbst, sonst fällt das Konstrukt wie ein Kartenhaus in sich zusammen.

»Freiheit findet im Kopf statt« ist Heidi Kranz' Lebensmotto. Etwas nicht zu wollen ist eine freie Entscheidung. Etwas nicht zu können basiert auf Erfahrungen. Aber wenn man »will«, sollte man es auch immer probieren – Versuch macht klug!

gone to the BEACH

JULIA LODER
UNTERNEHMENS- UND MARKETING-BERATERIN

Halbe-halbe

Julia Loder verbindet jobmäßig das Beste aus
zwei Welten mit einem Teilzeitjob in Festanstellung,
der ihr aber genügend Zeit für ihre andere
berufliche Passion bietet.

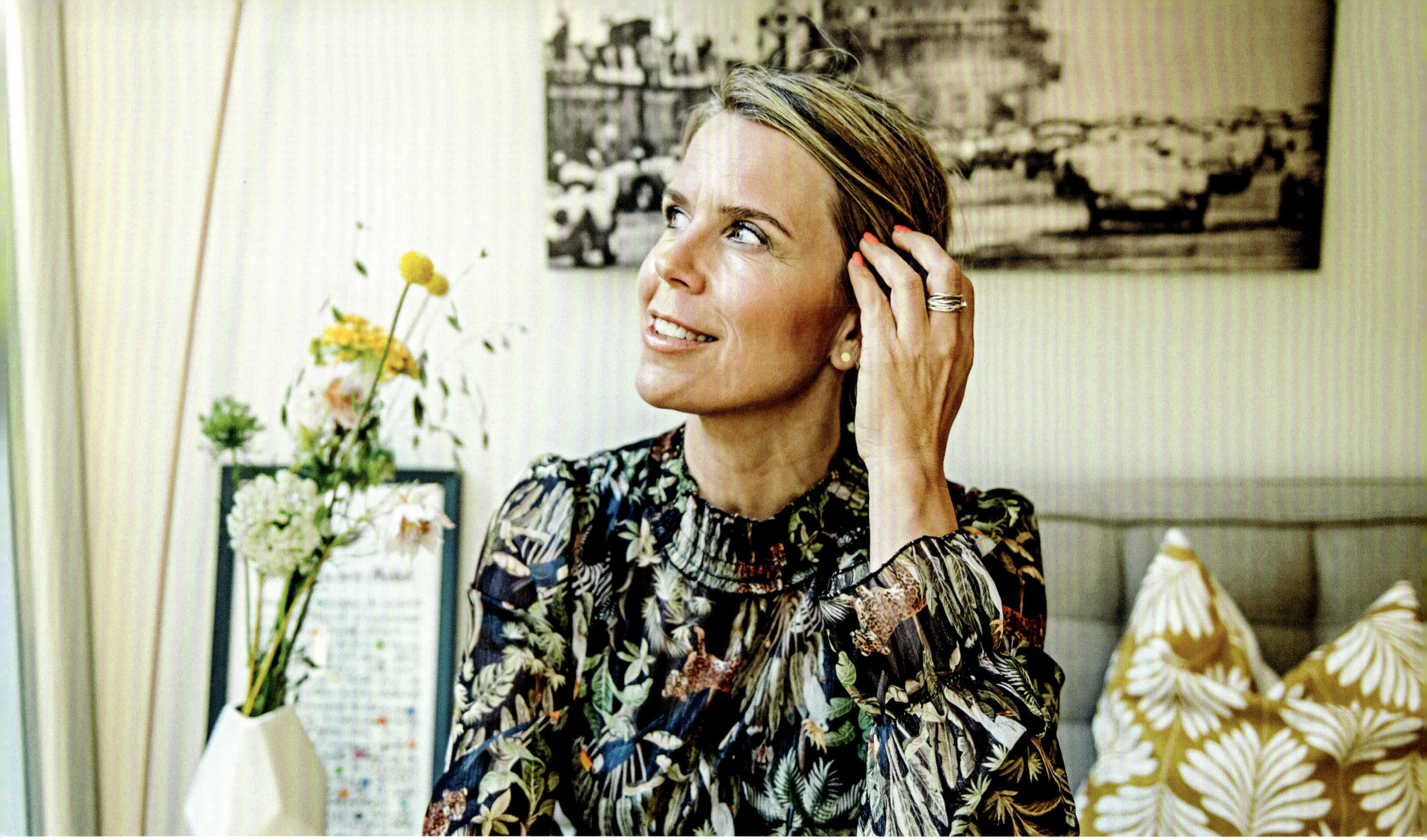

die Pflicht ruft!
sag ihr, ich ruf zurück
JULIA

Surf
ONE
POWER

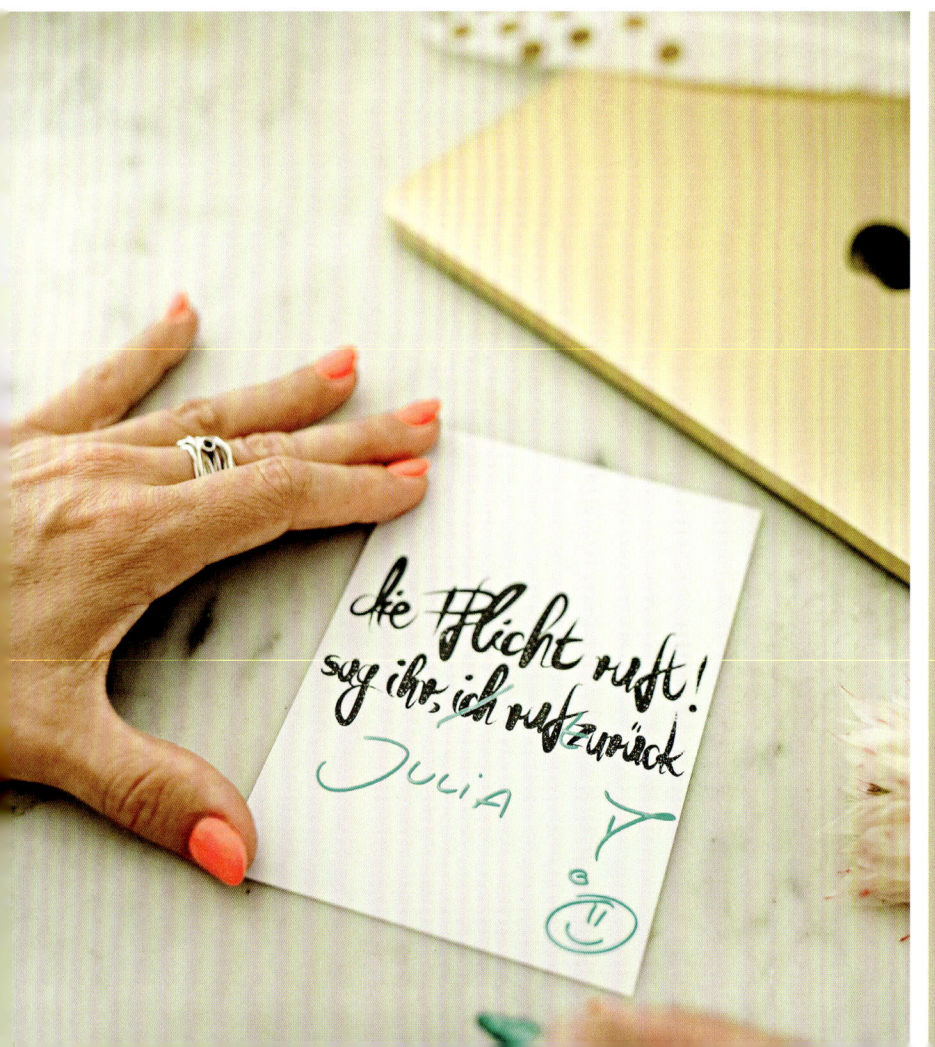

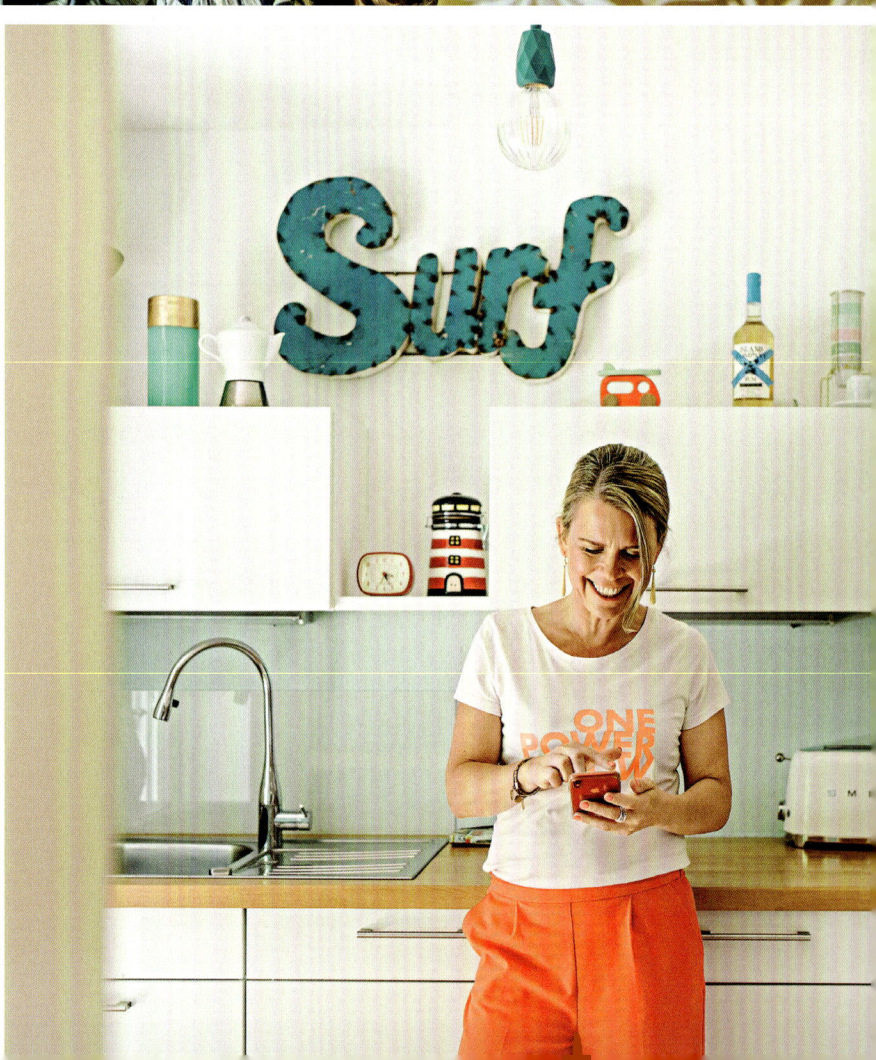

Und während ein Teil des Tages ihrer Tätigkeit sozial Benachteiligten in einer Hilfsorganisation gewidmet ist, gilt die restliche Aufmerksamkeit »ihren« prominenten Charakterköpfen, die die gelernte Marketing-Fachfrau in allen Fragen der öffentlichen Wirkung berät

S

ie selbst bezeichnet sich gern als »Sidepreneu-rin« – Julia Loder gefällt der neudeutsche Begriff für eine nebenberufliche Selbstständigkeit, die sie neben ihrer Tätigkeit für eine große Hilfsorganisation in München ausübt. Sie ist glücklich, beides miteinander vereinen zu können, das eine tun zu können, ohne das andere lassen zu müssen. Seit über 20 Jahren betreibt die 46-Jährige bereits ihr Loderwerk – ein Backoffice für prominente Testimonials sowie erste Coachingadresse für jeden, der Optimierungsbedarf bei sich sieht.

Ihre Passion ist, wie sie ihr Lebensmotto zusammenfasst, eine bessere Welt zu hinterlassen. Das kann auf vielerlei Weise geschehen; für Julia Loder bedeutet es zum einem, jungen Menschen, denen im Leben (noch) nicht so viel Glück begegnet ist, eine echte Perspektive zu geben. Für ihren sozialen Arbeitgeber übernimmt sie deshalb die wichtige und nachhaltige Aufgabe, auf die spendenfinanzierte Hilfsorga-

nisation professionell aufmerksam zu machen und Unterstützer zu generieren. Dass sie das kann, hat die quirlige und kommunikationsstarke Mutter zweier Söhne bereits in einem anderen (Arbeits-)Leben unter Beweis gestellt. Aufgewachsen in einem Haushalt, in dem es allein aufgrund der beruflichen Passion des Vaters viel um Motorsport ging, hat auch sie selbst die Leidenschaft für den Rennzirkus früh entwickelt. Mit ihrem in die Wiege gelegten Organisationstalent stellte sie als junge Frau bereits als Marketing-Fachfrau beim Nachrichtenmagazin Focus Motorsport-Events auf die Beine.

»Besonders Menschen im Rampenlicht brauchen jemanden im Hintergrund, dem sie absolut vertrauen können«

Sieben Jahre lang sammelte sie Erfahrung in der Medienbranche und knüpfte Kontakte, die ihr später wertvoll sein sollten. Denn hier lernte sie auch die andere Seite des Starrummels um die erfolgreichen Protagonisten kennen. »Auch oder sogar besonders Menschen im Rampenlicht brauchen jemanden im Hintergrund, dem

↖ Mit sich und dem Leben im Reinen – Julia Loder bündelt bewusst ihre Kräfte, für die Dinge, die ihr wichtig sind
← ← Eine Botschaft, wie sie ihr gefällt. Mit Augenzwinkern und einer subtilen Botschaft. Hetzen lässt sie sich von nichts und niemandem
← Ein Hauch von California Flair, mitten in Bayern

sie absolut vertrauen können und der auch mal knifflige Verhandlungen in ihrem Namen führt«, ist die Kommunikationsexpertin von ihren Aufgaben im Dienste ihrer Auftraggeber überzeugt. Dabei steht, genau wie bei der Teilzeitstelle, immer der Mensch im Vordergrund. »Ich interessiere mich für Menschen, und ich möchte sie dabei unterstützen, das Rennen ihres Lebens zu fahren«, lacht Julia Loder über das Bild, das sie gern verwendet und das ihre Leidenschaft für Geschwindigkeit ausdrückt.

Der Beruf und damit verbunden viele Reisen sind lange Zeit der wichtigste (und zeitfressende) Motor ihres Lebens gewesen. Ihren Mann hat sie erst vergleichsweise spät kennengelernt, und so ist sie mit 39 zum ersten Mal und drei Jahre später erneut Mutter geworden. »Damit verschieben sich natürlich die Prioritäten ganz enorm«, kommentiert Julia Loder ihr glückliches Familienleben, dem zuliebe berufliche Ambitionen neu sortiert werden mussten. Begonnen hat die Metamorphose mit dem Umzug vom so praktisch flughafennahen Schwabing raus aus München an den Starnberger See. Von dort, ihrem neuen Domizil, reist sie an drei Tagen die Woche in die Zentrale ihres Arbeitgebers mitten in München, die restliche Zeit widmet sie sich ihrer Selbstständigkeit. Ihren

↖ Wenn schon in die Tasten hauen, dann stilvoll in Roségold!
← Auf dem Laufenden bleiben und wissen, was morgen angesagt ist: Die Jugendstudie ist Pflichtlektüre für Julia Loder, die sich für die Zukunft benachteiligter Jugendlicher einsetzt
→ Zum Ausgleich baumeln die Füße im klaren Wasser des Starnberger Sees

JULIA LODER | UNTERNEHMENS- UND MARKETING-BERATERIN

KREATIVER PROZESS AM SEE.

↑ *Gerahmte Regeln für ein (Lebens-)Künstlerdasein, damit Ziele im turbulenten Familienalltag nicht verloren gehen*
→ *Farben sind für Julia Loder wichtige Ausdrucksmittel. Sie bringen Sonne ins Leben und ins Gemüt*

Arbeitsplatz hatte Julia Loder im Wohnzimmer aufgeschlagen, das aufgrund von aushäusiger Kinderbetreuung tagsüber freies Feld bot. Die zurückliegende und leider noch nicht ganz ad acta gelegte Pandemiezeit forderte Flexibilität, und so wanderte der Schreibtisch samt dem Foto von Gunter Sachs und Brigitte Bardot (»Mein Glam-Faktor aus dem ›alten Leben‹, der einfach nicht fehlen darf«, so Julia Loder lachend) in einen anderen Raum des Hauses. Dieser plötzlich nötige, improvisierte Umzug war gewissermaßen sogar ein Glücksfall, hat er ihr doch verdeutlicht, wie wenig sie eigentlich zum Arbeiten braucht: Hauptsache Ruhe, Laptop und ein Telefon. »Die Erfahrung, so flexibel und mobil zu sein, war für mich wichtig und gleichzeitig eine Bestätigung meiner bisherigen, ohnehin sehr fokussierten Arbeitsweise«, so ihr

»Ich interessiere mich für Menschen, und ich möchte sie dabei unterstützen, das Rennen ihres Lebens zu fahren«

Resümee. Feste Strukturen und Rituale bilden den Rahmen eines ausgefüllten Alltags – der ganz freiwillig morgens um halb fünf beginnt. Als Frühaufsteherin genießt Julia Loder die stillen Morgenstunden, die sie im Idealfall mit einer Tasse ihres geliebten Filterkaffees auf dem Steg am See in der Nähe ihres Hauses verbringt. Auch das war eine neue Erfahrung für sie – seit sie hier draußen leben, benötigt sie keinen Wecker, um wach zu werden. Ein Zeichen für die perfekte Balance, könnte man sagen. Nur eine Sache könnte die momentane Arbeitssituation noch toppen: Wenn jemand käme und ihr sein leer stehendes Gartenhäuschen am See anbieten würde, das wäre ein Traum.

JULIA LODER | UNTER\[...]MENS- UND-MARKETING-BERATERIN

↖ *Arbeitsplatz, Spiel-
zimmer und Essplatz in
einem. In Pandemiezeiten
mit Homeschooling und
Homeoffice war Flexibili-
tät gefragt*
↑ *Öfter mal den Platz
wechseln sorgt für Per-
spektivenwechsel, auch
innerhalb des eigenen
Hauses*

JULIA LODER
Wichtige Tipps

1

FRAUENNETZWERKE

*zeigen einem, dass man nicht allein ist –
nicht nur, aber auch als berufstätige
Mutter. Hier trifft man auf Frauen, die als
Role Model taugen und Tipps weitergeben.
Für Julia Loder die perfekte Zeitspar-
nis, nicht jede Erfahrung und jeden Fehler
selbst machen zu müssen.*

2

*Julia Loder setzt auf Mobilität. Ihr wichtig-
stes Utensil dabei ist eine Laptoptasche
mit Fächern zum Sortieren von Unterlagen
und To-dos. So sind die wichtigsten Infos
immer und überall zur Hand, ganz unabhängig vom Schreibtisch.*

3

*Die Buchung einer VA (virtuelle Assistentin)
spart wertvolle Zeit und hält den Rücken
frei – zugunsten von pünktlichem Feierabend und Urlaubszeiten. Hilfe lässt sich
stundenweise oder pauschal online
buchen. Einfach »Virtuelle Assistenz« in
die Suchmaschine eingeben.*

4

BEWUSSTE PAUSEN EINLEGEN

*und zu meditieren, am besten in der Natur,
sind wertvolle Kraftquellen
innerhalb eines intensiven Alltags.*

*Um einen frischen Blick zu
bewahren oder zu bekommen, öfters
mal den Platz wechseln. Ein anderer
als der gewohnte Sitzplatz bei
Tisch ändert schon die Perspektive
und Haltung.*

JULIA LODER | UNTERNEHMENS- UND MARKETING-BERATERIN

JASMIN KHEZRI
GRAFIKERIN UND ILLUSTRATORIN

Multitalentiert

*Ihre Kunstfigur Irma ist eine echte Berühmtheit. Die studierte
Grafikerin Jasmin Khezri hat mit ihren modernen und
inspirierenden Illustrationen den Zeitgeist einer neuen Generation
getroffen und rund um ihre Trend-Ikone in 20 Jahren
eine ganze Medienwelt erschaffen.*

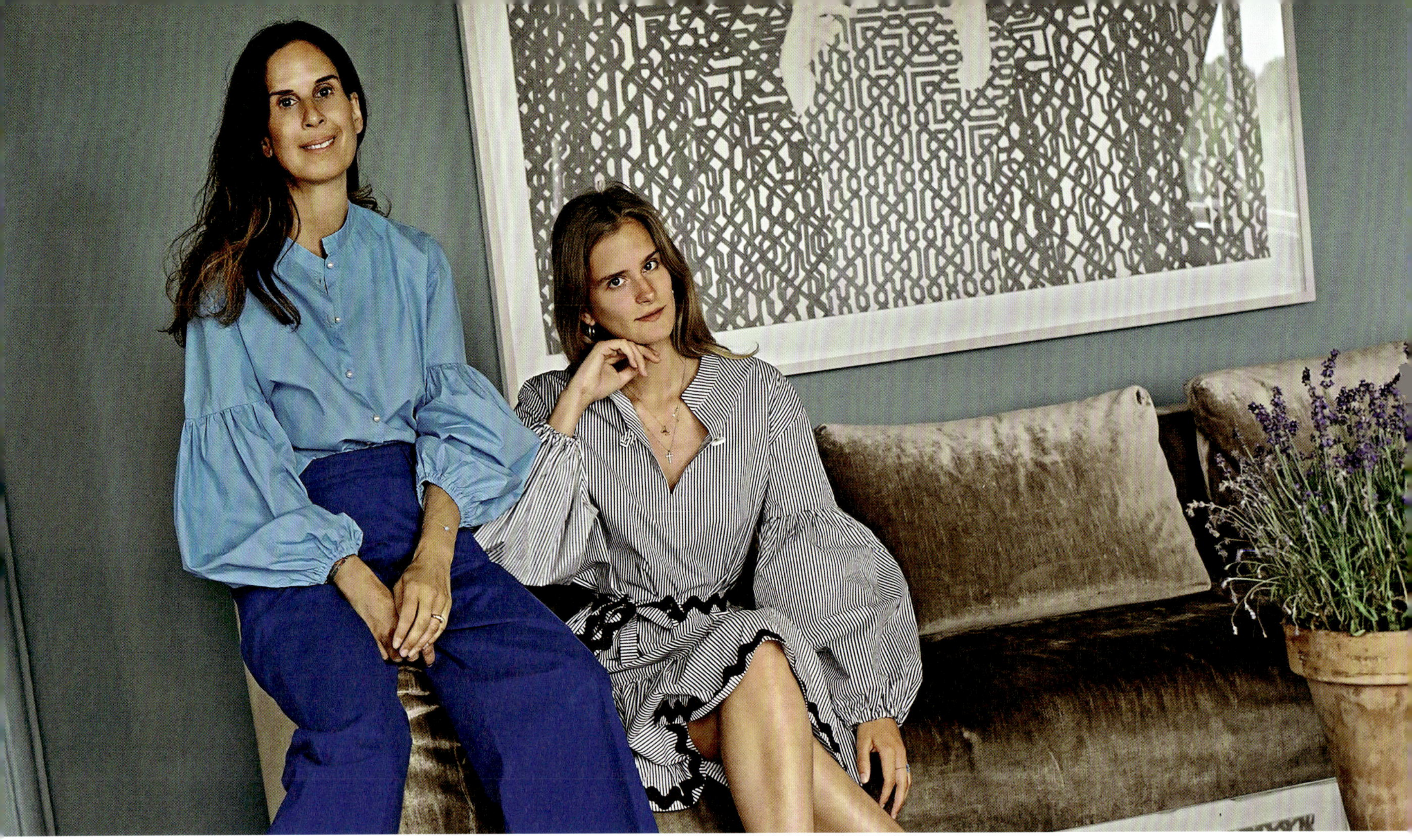
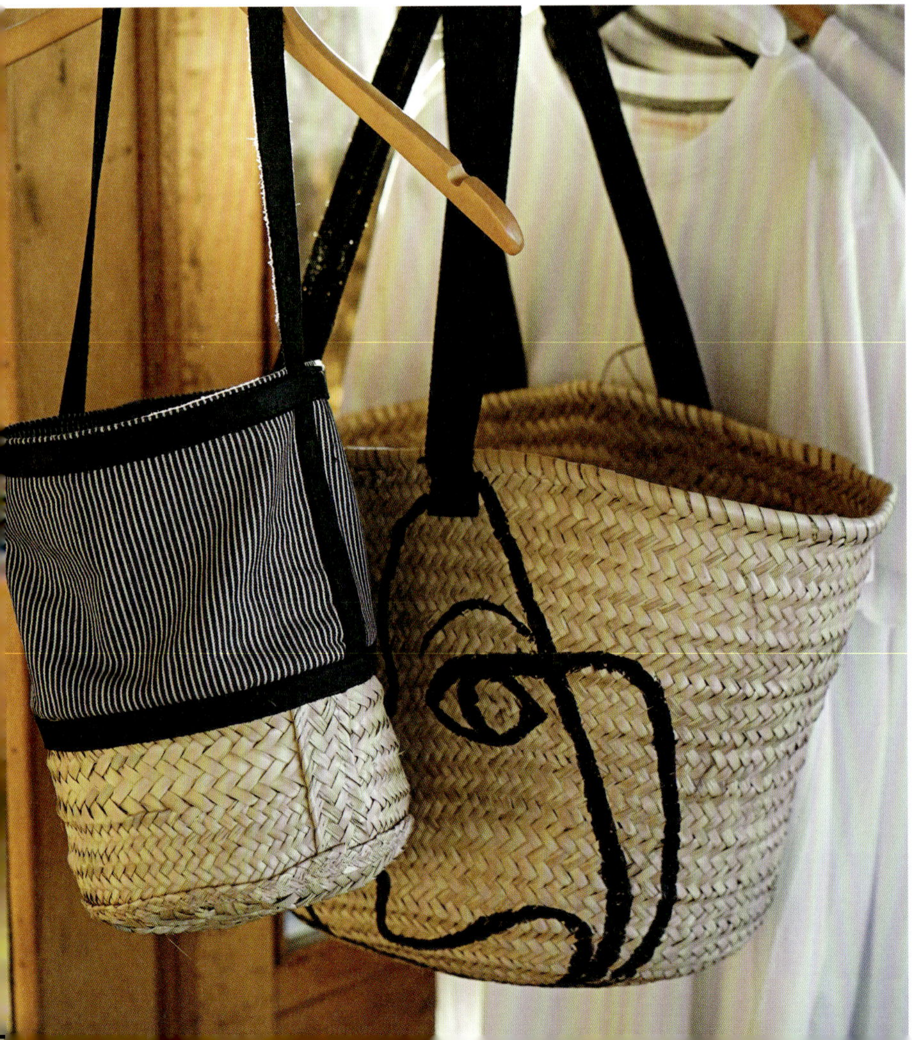
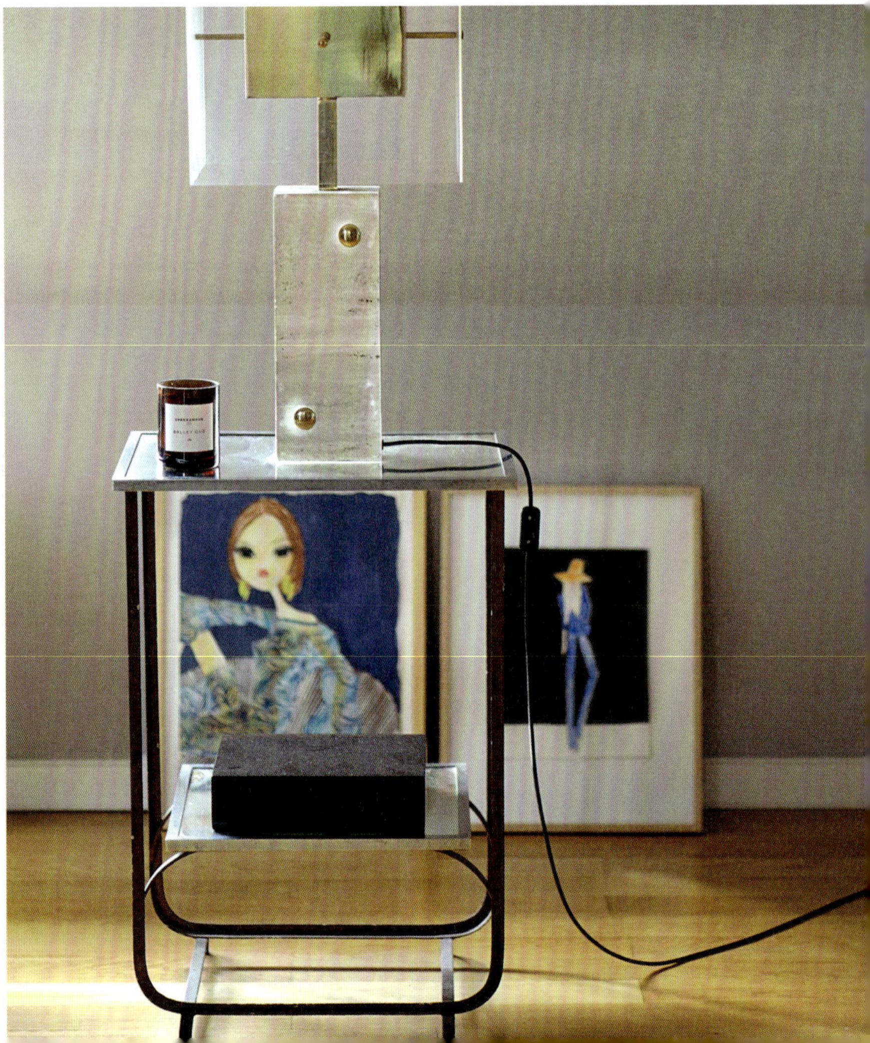

*Wenn sie nicht gerade weltweit unter-
wegs ist, spendet ihr die aus Oberbayern auf den Freisitz in der Münchner
Stadtwohnung verpflanzte Stube
Ruhe, Muße und Energie für immer
neue Projekte*

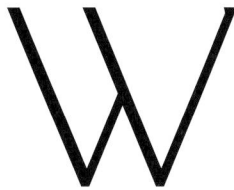

W

ie es so oft im Leben ist, erscheinen die Dinge,
die passiert sind, im Nachhinein so schlüssig und
selbstverständlich. Dabei hätte Jasmin Khezri
den Erfolg rund um ihre Inspirationsfigur Irma
so nicht planen können. Nach ihrem erfolgreich
absolvierten Studium an der renommierten
Parsons School of Design in Paris und Los An-
geles startete die heute 53-Jährige beim gerade
gegründeten SZ-Magazin in ihre berufliche Karriere. Die Zeit Anfang der Neunziger war geprägt
von einer medialen Aufbruchsstimmung – neue
Formate rund um die Jugendkultur entstanden,
die eben auch eine völlig neue Bildsprache ein-
forderten. »Es war ein großartiges Spielfeld für
mich, und die Illustrationen, die ich damals eher
neben meiner Aufgabe als Grafikerin und Art Director angefertigt habe, erhielten viel Aufmerksamkeit in der Branche«, erinnert sich Jasmin
Khezri an ihre Arbeitgeber von Zeitschriften wie
Marie Claire und Viva über Imagekampagnen für
das Modehaus P&C bis zum Vertrag mit einer

japanischen Agentur, die sie an Louis Vuitton,
Shiseido sowie die Nippon-Elle und japanische
Vogue vermittelte.

»Irma war der Name meiner Großmutter. Sie war die Muse ihres Mannes, dem Bildhauer Carl Vilz, und für mich Vorbild, Inspiration und Kraftquelle«

Mit den sprudelnden Aufträgen verfeinerte sich
der Stil, und das Ergebnis war eine der ersten
Fashion-Illus überhaupt. Das ätherisch elegante
Wesen Irma war geboren, über dessen Namen
Jasmin Khezri keine Sekunde nachdenken muss-
te. »Irma war der Name meiner Großmutter.
Sie war die Muse ihres Mannes, dem Bildhauer
Carl Vilz, und für mich Vorbild, Inspiration und
Kraftquelle«, erklärt sie die symbiotische Ver-
bindung zwischen sich und ihrer Kunstfigur. Aus
Irmas ersten erfolgreichen Kolumnen für die
Zeitschrift Glamour folgte der Startschuss für
ein kleines Imperium rund um irmasworld.com.
Irmas Atelier generiert weiterhin Aufträge für
Illustrationen, Irmas Studio berät Unternehmen
bei der Ausgestaltung von Shop-Konzepten und

*↖ Jasmin Khezri und
ihre Tochter Greta
als Role Models in
eigenen Entwürfen
aus Irmas World
← ← Klassikern wie
der Ibiza-Korbtasche
drückt Jasmin Khezri
ihren Stempel auf
← Ihr Alter Ego Irma
ist wahrlich omniprä-
sent*

im letzten Jahr entwickelte sich die in Deutschland produzierte Fashion-Linie zu einem großen Bestandteil der Firma.

Das Ganze geschieht aber nicht etwa unter dem Dach einer großen Firmenzentrale, sondern aus dem Homeoffice heraus. »Tatsächlich hatte ich bis vor Kurzem immer ein Büro. Zuerst sehr repräsentativ an der Residenzstraße im Herzen von München. Aber dann haben wir festgestellt, dass wir gar nicht so oft Besuch von unseren Kunden bekommen. Eher fahren wir zu ihnen, um Waren und Produkte vor

> »Letztendlich hat mich und meine acht Mitarbeiter die Corona-Pandemie gelehrt, dass das Arbeiten von zu Hause mindestens genauso produktiv sein kann.«

Ort zu sehen. Also sind wir ins Lehel gezogen. Das war uriger, aber schön. Aber letztendlich hat mich und meine acht freien oder festangestellten Mitarbeiter die Corona-Pandemie gelehrt, dass das Arbeiten von zu Hause mindestens genauso produktiv sein kann«, sagt die Mutter von zwei jungen Erwachsenen. Ihre Zwillinge sind gerade 18 geworden, benötigen also nicht ständige mütterliche Fürsorge. Aber Jasmin Khezri liebt es zu kochen und tischt täglich, wenn sie nicht auf Reisen ist, pünktlich um

↖ *Ein Hauch von Audrey umweht das Feenwesen Irma. Gerahmt wird sie endgültig zum Kunstwerk*
← *Jasmin Khezri in ihrer getäfelten Stube. Die Täfelungen sorgen für Erdung selbst bei hochfliegenden Plänen*

↖ Jasmin Khezri steht ihrer
Kunstfigur in Sachen Stil,
Chic und Finesse in nichts
nach
↑ Fotogen arrangierte
Prototypen der neuen,
nachhaltigen Fashionlinie
dienen als Deko fürs
stylishe Büroambiente
↖ Was wie zufällig ab-
gelegt erscheint, dient
Jasmin Khezri nicht selten
als Inspirationsquelle für
neue Entwürfe

↑ In ihrer nachhaltigen Strick-Kollektion fühlt sich Jasmin Khezri überall wohl
→ Irma hat einen echten Siegeszug hinter sich – längst ist sie Werbe-Ikone und Role Model, wenn es um Eleganz und Stil geht

ein Uhr mittags ein selbst gekochtes Mahl auf. Dafür kommt sie gern heraus aus ihrem geliebten Büro, einer oberbayerischen Stube mit originalen Holzvertäfelungen an Wänden und Decke sowie einem uralten Eichenboden. »Die vormalige Wohnungsbesitzerin hat die Hütte anstelle des Balkons hier einbauen lassen. Anfangs fand ich das zu schräg und wollte das ganze dunkel patinierte Holz weiß streichen. Jetzt bin ich froh, das nicht gemacht zu haben. Es strahlt solche Ruhe und Energie aus, ich könnte

»Ich könnte hier 24 Stunden am Stück arbeiten.«

hier 24 Stunden am Stück arbeiten«, lacht sie. Aber das tut sie natürlich nicht. Denn nicht nur um neue Inspiration zu finden, auch für die eher unangenehmen und schwierigeren Telefonate verlässt sie ihren Schreibtisch und erledigt die Gespräche lieber auf neutralem Terrain, etwa beim Spaziergang oder einer Fahrradtour durch die Stadt. Denn der Arbeitsplatz soll voll und ganz nur den schönen Dingen gewidmet sein. Mit Blumen oder selbst gesammelten Ästen in einer Vase sowie hübschen Objekten dekoriert sie ihren Schreibtisch, eigene Illustrationen aus vergangenen Jahren schmücken die Wände. Der Tisch selbst ist der Prototyp eines Entwurfs für ein Tokioter Modehaus. »Ich habe das massive schwere Holz mit Autolack spritzen lassen. Es erinnert mich an eine Tortenglasur«, freut sie sich, denn süßes Gebäck ist eine weitere Konstante in ihrem Arbeitsalltag. Jeden Mittag belohnt sie sich nämlich mit einem Stück selbst gebackenem Kuchen, angerichtet auf einem schönen Teller. Dieser Moment des Genusses wird zelebriert. Dafür tauscht Jasmin Khezri den Schreibtischstuhl gegen einen der gemütlich gepolsterten Gartensessel am Fenster und genießt den Augenblick – in dem ihr nicht selten schon wieder die nächsten genialen Einfälle für ihr florierendes Unternehmen kommen.

JASMIN KHEZRI | GRAFIKERIN UND ILLUSTRATORIN

IRMA ALS KRAFTQUELLE

JASMIN KHEZRI

Wichtige Tipps

1

Jasmin Khezri kennt das Problem, unangenehme Dinge aufzuschieben. Um den Teufelskreis zu durchbrechen, setzt sie sich kleine Ziele, die bis zu einem bestimmten Termin erledigt sein müssen. Gleichzeitig belohnt sie sich dafür mit etwas Schönem. Das kann ihr tägliches Stück Kuchen genauso sein wie ein freier Nachmittag und eine Verabredung zum Windowshopping mit Freundinnen.

2

DER AUSTAUSCH MIT ENGEN VERTRAUTEN

ist Jasmin Khezri enorm wichtig. Das können ihre Mitarbeiter genauso sein wie Freunde und Familie. Jeder sollte Kritik äußern können, denn nur konträre Meinungen sorgen am Ende für Verbesserungen. Leute, die immer nur Ja sagen, oder Mitarbeiter, die aus falsch verstandener Loyalität sich keine andere Meinung erlauben, sind keine Hilfe.

3

Auch im Urlaub checkt Jasmin Khezri schnell mal ihre Mails, um bei der Rückkehr nicht in der Flut zu versinken. Das stresst sie weniger, als nicht zu wissen, was gerade ansteht und passiert. So wird auch der Wiedereinstieg nach den Ferien »smoother«, und es türmt sich nicht so viel auf dem (virtuellen) Schreibtisch.

4

LISTEN SCHREIBEN HILFT,

anstehende Aufgaben zu strukturieren. Jasmin Khezri hat sich einen Rhythmus angewöhnt, um das selbst aufgestellte Pensum zu schaffen. So soll alle drei Wochen ein neues Produkt für ihren Webshop fertig entworfen sein. »Aber das ist auch nicht in Stein gemeißelt«, sagt sie. Wenn es nicht klappt, ist sie inzwischen gnädig mit sich.

Kreative Berufe benötigen ein inspirierendes Arbeitsumfeld, findet Jasmin Khezri. Schon kleine Stillleben inspirieren zu neuen Einfällen

PETRA WINTER
CHEFREDAKTEURIN

Schön und gut

Auf einigen spannenden Umwegen ist die zielstrebige
Journalistin schließlich in München gelandet,
wo sie sich mit Mann, Sohn und einem Gastkind
ein gemütliches Zuhause geschaffen hat.

Ein Glück, dass darin auch ihr Home-office untergebracht ist, denn sonst würde Petra Winter bestimmt nicht viel Zeit am Tag bleiben, um neben ihrem Posten als Chefredakteurin noch das pralle Familienleben zu zelebrieren. Es gehört viel Disziplin dazu, aber davon hat sie fraglos eine ganze Menge!

Celebrity und schließlich auch die Madame. Seit inzwischen sieben Jahren verantwortet die Mutter eines heute Zehnjährigen Inhalt und Renommee des monatlich erscheinenden Luxusmagazins, für das sie jüngst sogar als Editorial Director und Gesellschafterin vollumfänglich und mit eigenem Investment eingetreten ist.

er sich fragt, wie man auf den Chefsessel bei einem der renommiertesten und luxuriösesten Modemagazine gelangt, sollte einen Blick auf Petra Winters Vita werfen. Und auch wenn die gebürtige Niedersächsin nicht jeden Karriereschritt en détail planen konnte, so spricht ihr Werdegang doch für eine große Zielstrebigkeit. Dem Zufall hat sie nichts überlassen, als sie nach akademischen Stationen in Hamburg, Italien und Washington mit dem Abschluss der Diplom-Politologin noch eine Ausbildung an der Axel-Springer-Journalistenschule absolvierte. Und es dauerte auch nicht lang, bevor der kreative Schöngeist vom politischen, tagesaktuellen Weltgeschehen, das sie für Bild und Bild am Sonntag als Redakteurin ins Visier nahm, zum vermeintlich leichten Modefach wechselte. Fortan prägte Petra Winter mit persönlichem Stil, ästhetischem Feingefühl sowie einem guten Gespür für Trends Frauen- und Lifestyle-Zeitschriften wie Cosmopolitan, Glamour,

»Im Zweifelsfall wähle ich immer das Kleine, Feine und ethisch bessere Produkt. Und genau das ist es, was unsere Leserinnen von uns erwarten.«

Dass der Erfolg in diesen Zeiten von zunehmender virtueller Konkurrenz im Netz und der Informationsflut sozialer Medien kein Selbstläufer ist, ficht den Medienprofi Petra Winter nicht an. »Ich bin tief und fest davon überzeugt, dass es bei all der Fast Fashion und der ungefilterten Informationsflut eine Rückbesinnung auf Qualität und Werte gibt«, verteidigt sie ihren kompromisslosen Anspruch an redaktionelle Inhalte, Themen sowie die präsentierten Waren gleichermaßen. »Im Zweifelsfall wähle ich immer das Kleine,

↖ Das Porträt ihres Mannes wird bei Video-Calls von einem anderen Gemälde verdeckt. »Weil zu persönlich«, findet Petra Winter
←← Wie in einer Boutique sammeln sich kostbare Schaustücke in Regalen und Ablagen
← Petra Winter in ihrem Reich – und Element

Feine und ethisch bessere Produkt. Und genau das ist es, was unsere Leserinnen von uns erwarten. Diese permanente Suche nach dem Besten spornt unsere gesamte Redaktion an. Und zwar jeden Tag«, beschreibt die Chefin von 16 festangestellten Mitarbeitern die stetige Recherche nach raren Perlen hinter der glamourösen Fassade eines Modejournals.

»Diese permanente Suche nach dem Besten spornt unsere gesamte Redaktion an. Und zwar jeden Tag«

Apropos Fassade: Die Übernahme des Titels vom Hamburger Bauer-Verlag fiel in die Pandemiezeiten, und da nun ohnehin neue Räumlichkeiten für die Madame-Redaktion gefunden werden mussten, lag die Wahl eines zeitgemäßen Hybridmodells aus Homeoffice und Co-Working-Space in der Münchner Innenstadt nahe. »Natürlich funktioniert unsere Arbeit nicht ohne den persönlichen Austausch, und Konferenzen finden physisch im gemeinschaftlichen Kreis statt. Aber Corona hat uns auch gelehrt, dass vieles online geht und man nicht für Kundengespräche von einer Stunde durch die Republik reisen muss. Auch nicht in Zukunft«, ist sich Petra Winter sicher. Die meisten Arbeitstage verbringt sie daher zu Hause in der Maxvorstadt, wo der charmante Altbau der Winters

↖ *Wohlgehüteter Schatz: Karl Lagerfelds Gruß, post mortem von seiner letzten Show*
← *Der Regalklassiker von USM Haller in sonnigem Gelb – eine Lieblingsfarbe der Hausherrin*
→ *Fototapete der anderen Art ...*

PETRA WINTER | CHEFREDAKTEURIN

GLAMOURFAKTOR: HOCH

↑ *Das Esszimmer dient auch gern für kommuni-kative Zusammenkünfte beruflicher Natur. Die Grenzen sind fließend (oder besser gesagt, schwirrend …)*
→ *Petra Winter denkt in Bildern. Kein Wunder, dass jede Ecke schlichtweg fotogen ist*

steht. Pünktlich um halb neun, wenn Sohn Vincent und Gastkind Fabian aus der Tür sind, sitzt Petra Winter an ihrem maßgefertigten weißen Schreibtisch mit Blick auf zwei benachbarte Terrassen und viel Grün. Das Büro im Haus gab es schon vorher und wurde auch von ihrem Mann genutzt. »Aber weil ich nun so viel Zeit hier verbringe, habe ich es ein bisschen umgestaltet«, untertreibt die hoffnungslose Ästhetin charmant angesichts des durchgestylten Interieurs, das ohne großes Handanlegen jederzeit als Kulisse für ein spontanes Fotoshooting dienen könnte. »Ordnung ist mir wichtig. Ich habe mein eigenes System entwickelt, Unterlagen aufzubewahren, Dinge abzuarbeiten und später, wenn alles erledigt ist, wegzuschmeißen.

»Mit einem Buch vor der Nase kann ich perfekt abschalten.«

Nur auf meinem virtuellen Desktop gelingt mir das nicht so gut«, lacht sie über die Kommentare ihrer Gesprächspartner in Zoom-Meetings, wenn die im Laufe einer Präsentation über den mit Dokumenten übersäten Schreibtisch staunen. Kataloge, Manuskripte, Mappen und anderer Papierkram verschwinden dagegen sortiert hinter den stylishen Fronten des neuen USM-Haller-Schranksystems. Gelb ist eine von Petra Winters Lieblingsfarben, die sich auch in dem Sessel aus der portugiesischen Manufaktur Umos wiederholt. Der ist auch liebster Rückzugsort für die Lektüre eines der unzähligen Bücher aus dem Regal dahinter. »Ich nutze quasi jede freie Minute zum Lesen und verzichte dafür gern aufs Fernsehgucken. Mit einem Buch vor der Nase kann ich perfekt abschalten, zudem dienen mir Bücher als stete Inspirationsquelle«, verrät sie ihre erprobte Methode, den nötigen Abstand zu ihrem prall gefüllten Arbeitsalltag zu bekommen.

PETRA WINTER | CHEFREDAKTEURIN

↖ *Durchgestylt bis ins letzte Detail. In der nächsten Etage befindet sich das Home Spa*

↑ *Ein Stück süßes Glück aus eigener Produktion. Kuchen gehört zu den kleinen Belohnungen für Motivationsschübe bei der Schreibtischarbeit*

PETRA WINTER
Wichtige Tipps

1

Antriebslosigkeit führt Petra Winter auf das Gefühl zurück, überarbeitet zu sein. Wenn zu viel auf ihrem Schreibtisch gelandet ist, verfällt sie in ihren Reaktionsmodus, wie sie es selbst nennt. Kreatives Agieren ist dann unmöglich, Ideen bleiben aus. Der einfache Weg aus dem kleinen Tief liefert ihr schon eine kleine Plauderei – am Telefon mit einer Freundin, mit Kollegen oder ihrem Mann. Dabei geht es um nichts Bestimmtes, aber die kurze Pause löst schon meistens den Druck und führt wieder hinaus aus der Sackgasse.

2

**JUNGE FRAUEN
UND BERUFSANFÄNGER**

sollten sich unbedingt eine Mentorin suchen, findet der Medienprofi. Wenn die Vorgesetzte oder eine andere Person im beruflichen Umfeld ein Vorbild ist: »Sprechen Sie sie an, ob Sie von ihr lernen dürfen«, so Petra Winters Tipp. Die meisten Frauen ehrt eine solche Anfrage und sie ist vielleicht der Anfang für ein stabiles Netzwerk, das ebenfalls zur Karriereplanung gehört.

3

Wenn schon Montagmorgen der Blick in den Kalender eine eng durchgetaktete Woche verheißt, hilft ein süßer Trost über die mangelnde Aussicht auf Entspannung hinweg. Ein Cappuccino mit Gewürzen, eine Tasse Tee und etwas Gebäck liefern die nötige Energie und gute Laune, die anstehenden Herausforderungen anzugehen.

Frauen verharren oft zu lange in Situationen, die Unwohlsein verursachen, findet Petra Winter.

Für Petra Winter steckt in Power
in erster Linie Gestaltungsmöglich-
keit. Power ist Macht, und Macht
ist Souveränität. Das heißt, sie bestimmt und muss nicht um Erlaubnis
fragen. Das gefällt ihr, und das
strebt sie stets an.

PETRA WINTER | CHEFREDAKTEURIN

FOTOS JOHANNES PÖTTGENS

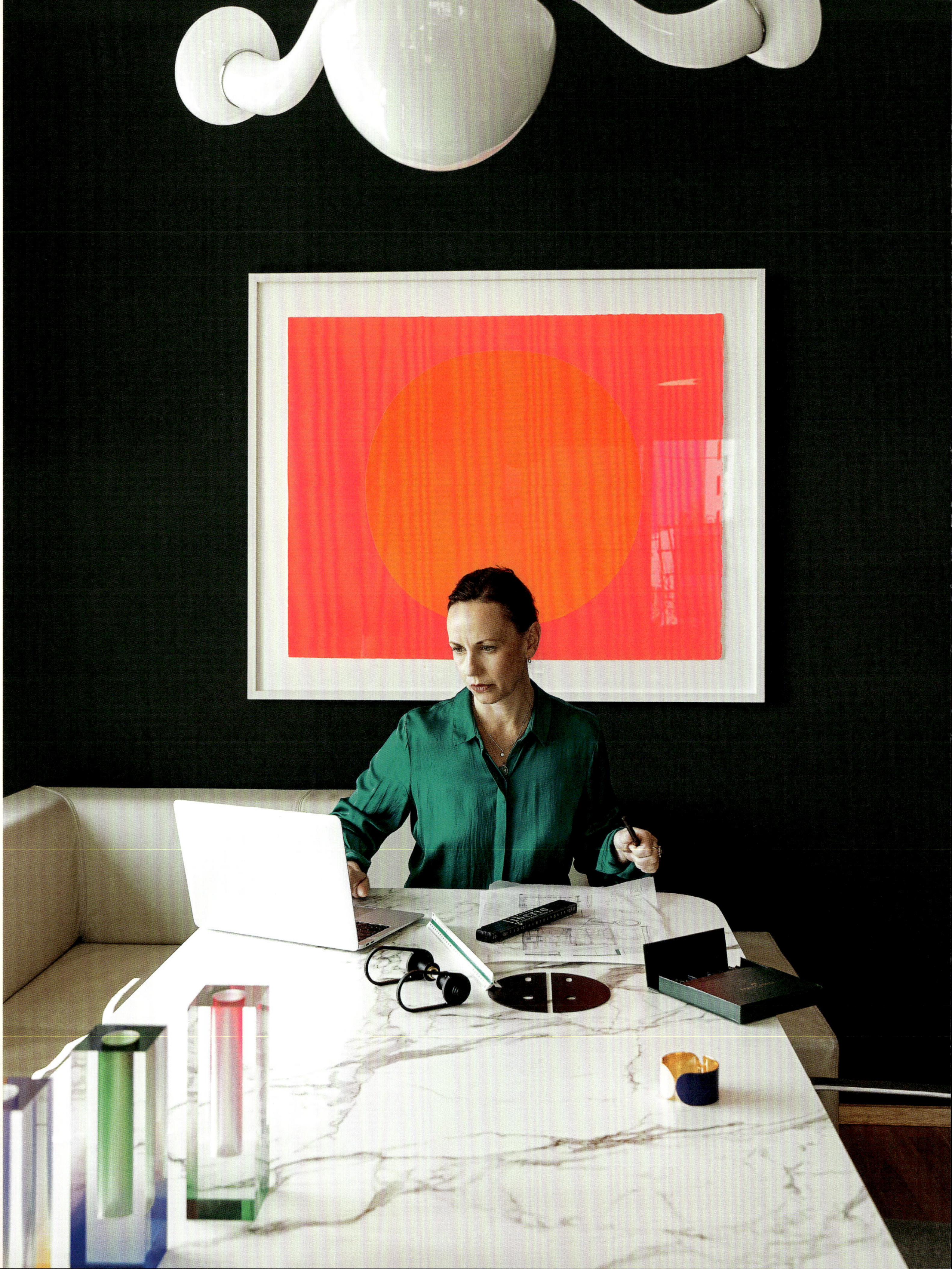

CLAUDIA BLUM
ARCHITEKTIN

Bestens

eingerichtet

Geboren und aufgewachsen im Saarland, liegt Claudia Blum
der französische Einschlag ihrer Wahlheimat am Rhein.
Längst in Düsseldorf beruflich wie privat angekommen, führt
die studierte Diplom-Ingenieurin gemeinsam mit ihrem
Mann ihr erfolgreiches Büro für Innenarchitektur.

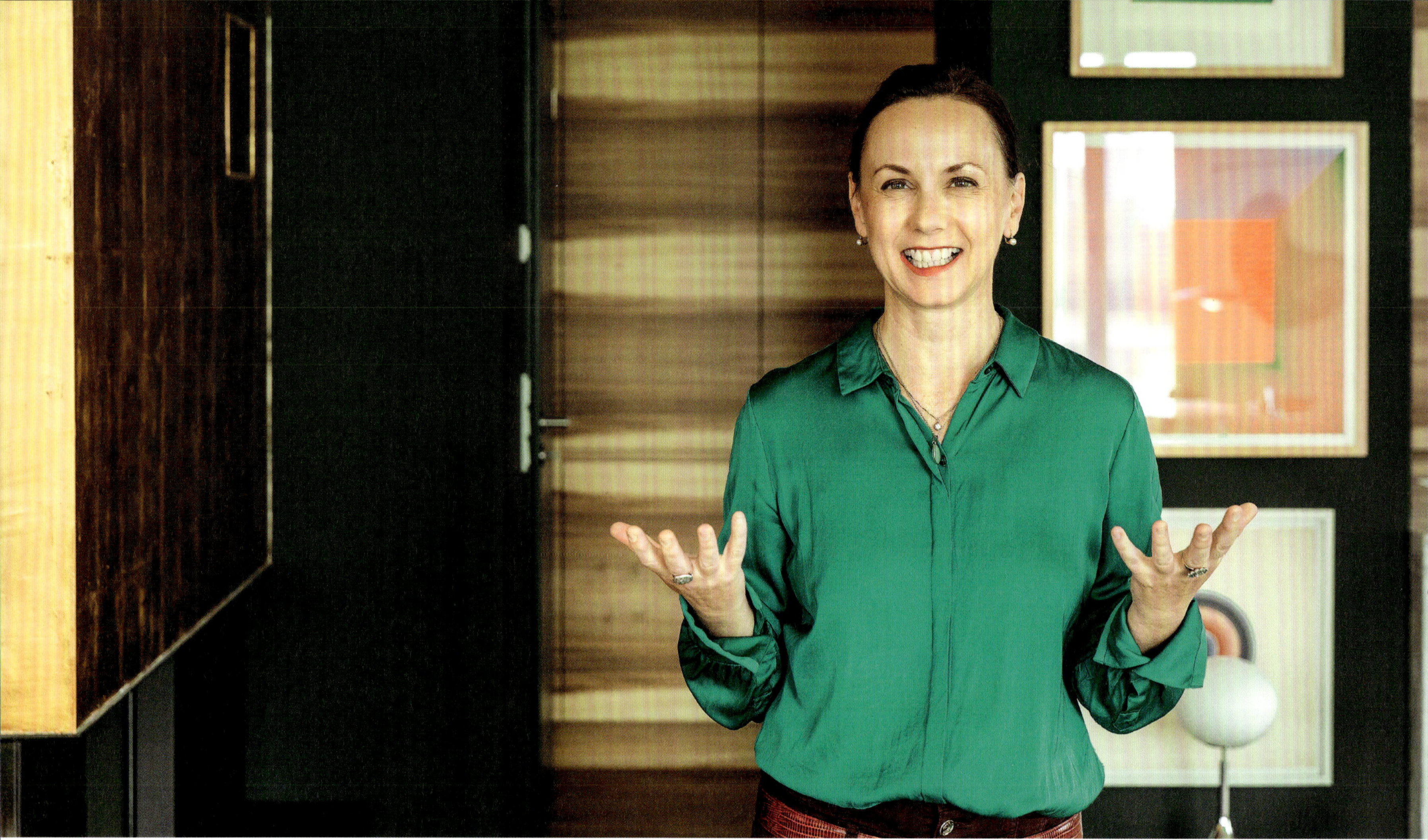

naturstein
liberio
www.naturstein-liberio.de

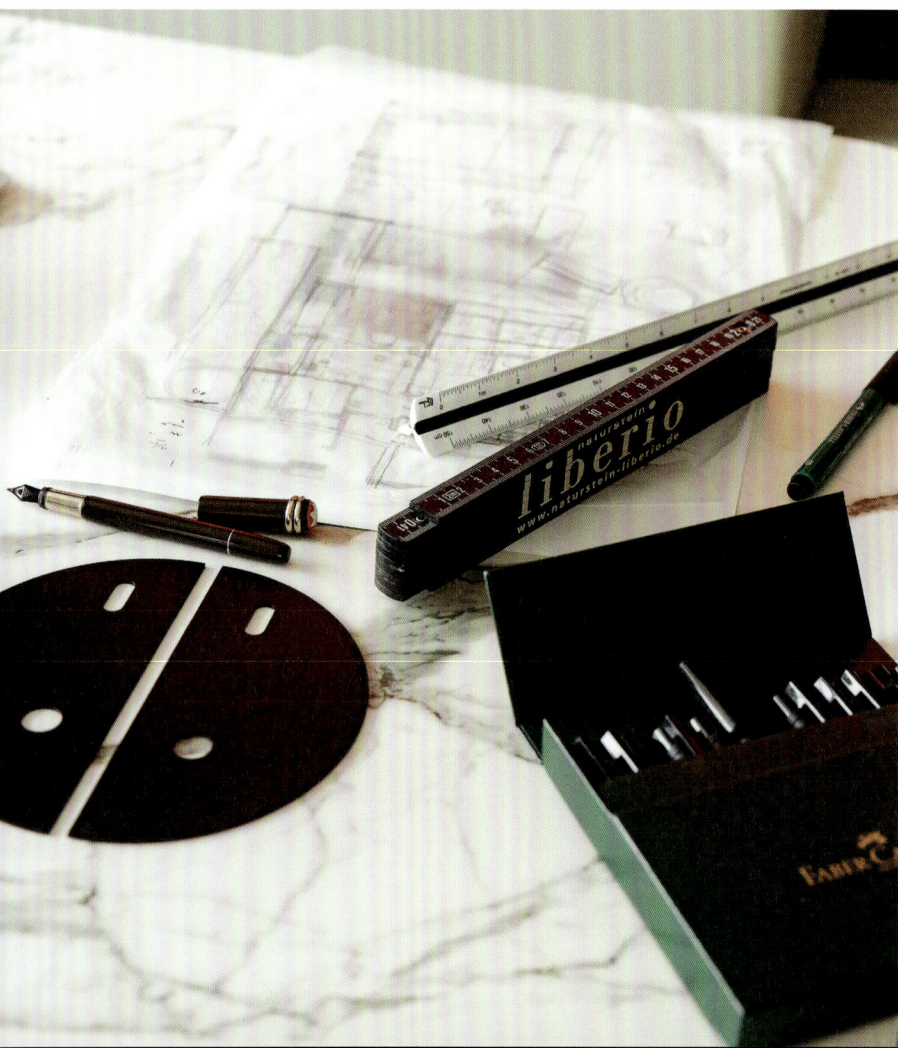

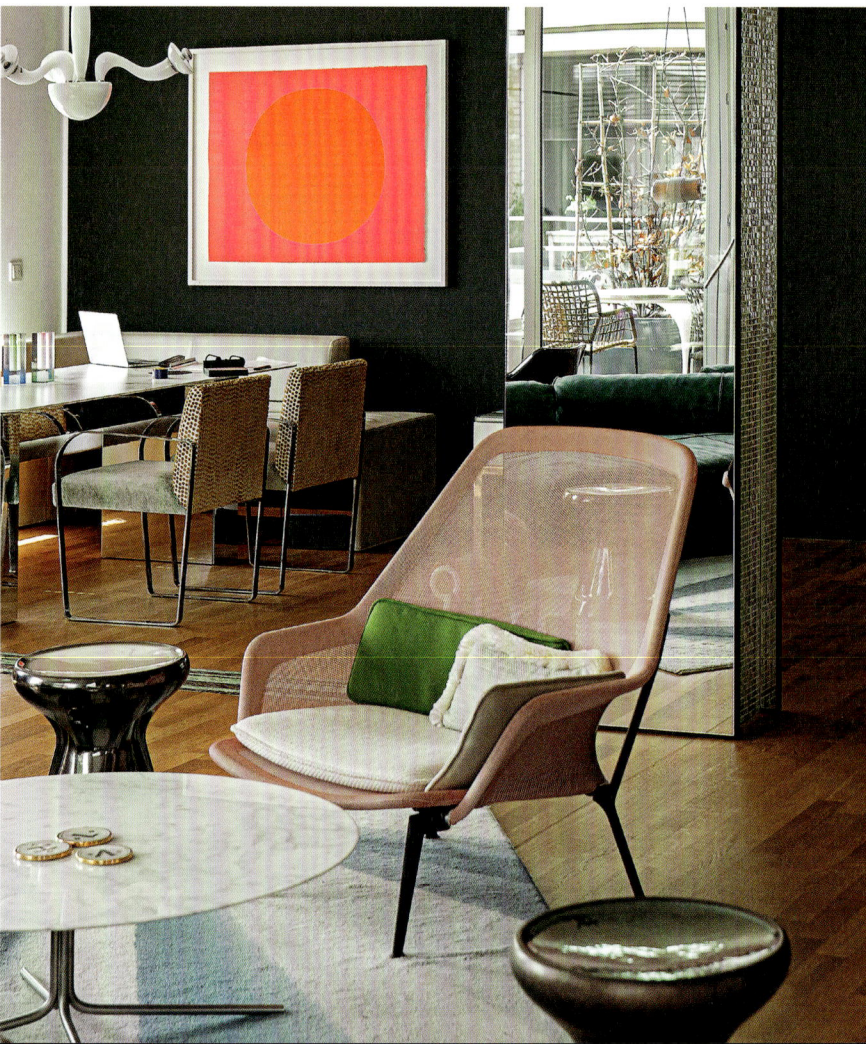

Mit gewissem Laissez-faire und einer großen Portion Organisationstalent wuppt sie denn auch nonchalant den Umgang mit ihren Mitarbeitern, Auftraggebern und Handwerkern

B

ei Claudia Blum wird gern und oft gefeiert. Erfolgreiche Projektübergaben, zufriedene Kunden und der finale Akt jedes Auftrags, nämlich Bauabnahme und das Archivieren des kompletten Projekts, liefern schließlich fortwährend gute Gründe. »Man muss gut zu sich selbst sein, sich freuen können und stolz auf sich sein«, ist die Devise der dynamischen Geschäftsfrau. Denn als die sieht sich die Kreative als Co-Inhaberin von Studio architects, das sie gemeinsam mit ihrem Lebenspartner Hendrik Fraune betreibt. Auch wenn Claudia Blum einen akademischen Abschluss als Diplom-Ingenieurin absolviert hat, trägt sie lieber den – ungeschützten – Titel der Interior Designerin. Denn das ist es, was sie faktisch Tag für Tag betreibt: die Planung und Umsetzung individueller Einrichtungskonzepte für Hotelbetreiber, Arztpraxen, Galerien, aber vor allem für Privathäuser. Bevor sie 2005 im linksrheinischen Düsseldorfer Stadtteil Oberkassel ihre Selbstständigkeit startete, war das Paar für den italienischen Stararchitekten und Designer Matteo Thun tätig. »Die Jahre in Mailand haben mich geprägt und die Perspektive meiner oft typisch deutschen Sichtweise erweitert«, ist Claudia Blum dankbar für ihre Erfahrungen jenseits der Alpen, wo der sprichwörtlichen deutschen Gründlichkeit Beschwingtheit und Lässigkeit entgegengesetzt wurde.

»Man muss gut zu sich selbst sein, sich freuen können und stolz auf sich sein«

»Ich bin ein absolut ordentlicher und gewissenhafter Mensch, keine Frage. Anders könnte ich meine verantwortungsvolle Arbeit, wo es oft genug um Millimeter geht, gar nicht machen. Aber es gibt Dinge, da berufe ich mich lieber auf die Leichtigkeit der Italiener«, bekennt sie und verweist dabei auf ihr Ablagesystem ganz ohne die ihr verhassten Ordner. Vorgänge werden einfach in Hängeregistern gesammelt, wo sie griffbereit bis zur Fertigstellung eines Projekts zur Stelle sind. Ganz konventionell dagegen beginnt ihr Arbeitstag jeden Tag um acht Uhr, wenn sie morgens die aktuellen Baustellen besucht und Absprachen mit den Handwerkern trifft. Für

↖ Claudia Blum steht ihre Frau – und findet garantiert den richtigen Ton.
←← Architektur ist (auch) Handwerk. Mit Lineal und Stift reifen die Ideen auf dem Papier
← Das Zuhause dient der Gestalterin auch immer als Labor für Trends und Stilwelten

↑ *Kamin, Tapete, Polster und Rückwand ergeben eine Materialcollage, wie sie die Hausherrin liebt*

die ist sie auch jederzeit am Tag erreichbar, um schnell Unvorhergesehenes und Unsicherheiten aus dem Weg zu räumen. Ärgernisse nennt die stetige Optimistin diese aber grundsätzlich nicht. »Für alles gibt es eine Lösung. Ich bin ein großer Fan von unbedingter Ehrlichkeit. Wenn etwas nicht geht, verpasst oder falsch kommuniziert wurde, muss man offen drüber reden. Dann wird gemeinsam mit den Handwerkern und Kunden eine gangbare Alternative gesucht, die für alle in Ordnung geht«, sagt die Frau, die ganz augenscheinlich nicht nur eine gute Architektin, sondern auch Menschenkennerin ist.

»Ich bin ein großer Fan von unbedingter Ehrlichkeit. Wenn etwas nicht geht, verpasst oder falsch kommuniziert wurde, muss man drüber reden.«

Ihr Schlüssel zum erfolgreichen Jonglieren von so vielen unterschiedlichen Aufgaben und täglichen Herausforderungen zwischen strenger Administration und unbedingter Kreativität ist die blitzschnelle Analyse ihres Gegenübers. »Man muss die Leute lesen«, nennt sie das. Wie den Elektriker, der auf keine Mail und keinen Anruf reagierte, aber auf WhatsApp-Nachrichten immer prompt antwortet. »Jetzt funktioniert unsere Kommunikation reibungslos«, erklärt sie zufrieden. Oder der Auftraggeber, der nie telefonisch zu sprechen ist, aber alles sofort per Mail beantwortet. Zudem entwickelt sie für jeden Menschen eine eigene Tonalität. »Der eine reagiert am besten auf kurze klare Ansagen, dem anderen muss man viel Freiraum gewähren, um das gemeinsame Ziel zu erreichen«, so ihre typisch rheinische Art im Umgang mit den

↖ Analoges und digitales
Arbeiten gehen bei Claudia
Blum buchstäblich Hand
in Hand
↑ ← Wenn die Tür zu ihrem
Büro auf steht, stehen die
Zeichen auf Kommunikati-
on. Geschlossen bedeutet
hingegen: Kreativer Pro-
zess, bitte nicht stören!

unterschiedlichen Charakteren, denen sie täglich begegnet. Mit entsprechender Kompetenz und Kommunikationstaktik überzeugt Claudia Blum auch ihre Kunden. »Es ist erstaunlich, wie schwierig es für manche Menschen ist, sich selbst einzuschätzen, wenn es um ihr urpersönliches Umfeld geht. Pinterest und Instagram liefern ihnen die immer gleichen Vorgaben und suggerieren gleichzeitig Individualität. Die User sind früher oder später davon überzeugt, dass das Gezeigte auch genau ihr eigener Stil sei«, beschreibt die Einrichtungsexpertin die Problematik von zu viel Einheitsbrei und zu wenig Persönlichkeit in Sachen Wohnen. Aber gegen solcherart Stereotypen hat sie ein wahres Erfolgsrezept. Denn in diesem hochkreativen Stadium der Konzeption läuft die temperamentvolle Mutter zweier Kinder regelmäßig zur Höchstform auf. Dann zieht sie sich zurück in ihr eigens eingerichtetes Entwurfszimmer innerhalb des großzügigen Altbauateliers, schließt die sonst immer offen stehende Tür, dreht die Lieblingsmusik auf und widmet sich ausschließlich der Ideenfindung für das eine konkrete Projekt. »Ich kann einen Song in Endlosschleife hören, das ist wie ein Lauf und treibt mich voran.« Inspiration liefert ihr dazu die Pinnwand neben ihrem Schreibtisch, an der alles gesammelt wird, was ihr gefällt. Und manchmal kommt etwas zum Einsatz, was hier schon jahrelang geschlummert hat. Könnte gut sein, dass dann wieder mal die Korken knallen.

↖ *Bildbände und Skizzenbücher gehören zur Pflichtlektüre*
← *Der blattvergoldete Kamin darf als Statement verstanden werden*
→ *Fokussiert und konzentriert. Katze und Frauchen in kontemplativer Zweisamkeit*

EHRLICHKEIT UND INTUITION

CLAUDIA BLUM | ARCHITEKTIN

JOSEPH VON EICHENDORFF
MONDNACHT

CLAUDIA BLUM
Wichtige Tipps

1

Für die Ausstattung des eigenen Büros oder Homeoffice rät Claudia Blum zur Zweckentfremdung. »Ein Esstisch ist viel wohnlicher«, findet sie. Mit einem Rollcontainer darunter und einer vom Schreiner vor Ort eingesetzten Kabeldose in der Platte gegen Kabelsalat entsteht ein adäquater Schreibtischersatz. Schöne Schreibtische gibt es ansonsten von Baxter.

2

MUSIK

ist für Claudia Blum ein echter Antrieb. Als Kind der Achtziger liebt sie New Wave und nutzt die markanten Klänge von The Cure, Sisters of Mercy, aber auch moderner Popmusik als Taktgeber für ihre kreativen Prozesse. Dann werden keine Telefonate angenommen, keine Mails gelesen und Störungen nur im Ernstfall akzeptiert.

3

AUFRICHTIGKEIT UND EHRLICHKEIT

sind die Schlüssel zu dauerhaftem Erfolg. Nur wer absolut integer ist, dem wird vertraut. Und so lassen sich auch Fehler schnell ohne Schaden beheben. »Bloß nichts unter den Teppich kehren. Karten auf den Tisch und Lösungen finden, wenn wirklich mal was schiefgelaufen ist«, rät die Expertin mit einem Erfahrungsschatz aus inzwischen 24 turbulenten Berufsjahren.

Der Intuition vertrauen und sich nicht verunsichern lassen. Die Erfahrung zeigt, dass man Erfolg hat, wenn man an sich selbst glaubt und auch mal unkonventionelle Wege geht. Gerade ungewöhnliche Ideen kommen besser an, wenn man sie mit Überzeugung vorträgt und mit Verve verteidigt.

Power, gepaart mit Begeisterungsfähigkeit, ist die perfekte Lebens-
formel – nicht nur zur Selbstmoti-
vation, sondern auch, um ein
Team mitzureißen.

CLAUDIA BLUM | ARCHITEKTIN

Mordslust aufs Schreiben

Es gibt Lebenswege, die sind schnurgerade und deshalb vielleicht auch ein bisschen eintönig. Davon sind die verschlungenen Pfade, die sich durch Rita Falks Leben ziehen, weit entfernt.

Ihre berufliche Laufbahn hat die Mutter von drei Kindern nach einer mäßig erfolgreichen Schullaufbahn als Bürokauffrau begonnen. Heute ist sie Bestsellerautorin, und die Verfilmung von einem ihrer Eberhofer-Krimis hat ihr kürzlich sogar den Bayerischen Filmpreis eingebracht.

Beobachtungsgabe gesegnete Jobsuchende mit Schreiben von erfundenen Geschichten die Zeit.

»Meine Freundinnen bestärkten mich darin, wirklich ein Buch zu schreiben.«

D eutsch war neben Sport ihr Lieblingsfach in der Schule. Aber oft wurden ihre Aufsätze mit einem »Unrealistisch« abgetan. »Wie würden da wohl heute meine Manuskripte aussehen?«, lacht Rita Falk über die Vorstellung, wie ihr Lehrer die haarsträubenden Vorkommnisse rund um ihren Romanprotagonisten, den Provinzpolizisten Franz Eberhofer, und den erfundenen Schauplatz Niederkaltenkirchen sicher angesichts von überbordender Fantasie mit dem Rotstift markieren würde. Aber nach dem Schulabschluss lockte ohnehin erst mal das Leben. Rita Falk absolvierte genau wie viele andere Mädchen ihres Jahrgangs eine kaufmännische Ausbildung, heiratete, bekam jung drei Kinder und arbeitete halbtags als Sekretärin. Und wer weiß, wie sich alles entwickelt hätte, wäre nicht die Finanzkrise im Jahr 2008 der Grund für die Kündigung ihres festen Arbeitsverhältnisses gewesen. Inzwischen alleinerziehend, vertrieb sich die mit viel Sinn für Situationskomik und einer scharfen

»Meine Freundinnen belächelten das zunächst, aber dann wurden sie neugierig, was ich da so zu Papier bringe. Dann wollten sie es lesen, und schließlich bestärkten sie mich darin, wirklich ein Buch zu schreiben«, erinnert sich Rita Falk an den Startschuss in ihr zweites Berufsleben. Denn tatsächlich verklärte die gebürtige Niederbayerin ihr neues Literatendasein keine Sekunde. »Der Mann vom Arbeitsamt hat mir zur Gründung einer Ich-AG geraten und mir Überbrückungsgeld gewährt. Und mir war klar, das ist jetzt meine Arbeit. Acht Stunden am Tag«, beschreibt Rita Falk die aus ihrer Sicht nötige Disziplin, der sie übrigens bis heute treu geblieben ist. »Es ist wohl ein Relikt aus meiner Zeit als Sekretärin. Tatsächlich ist mein Tag strukturiert in vier Stunden am Vormittag, eine Mittagspause und weitere vier Stunden bis zu meinem Feierabend«, gibt sie unumwunden Einblick in ihren Alltag, der unspektakulär klingt und dabei so grandiose Unterhaltung für eine wachsende Fangemeinde produziert.

↖ Zenzi ist treuer Kamerad, Seelentröster und Bewegungsmotivator auf vier Pfoten
← Rita Falk liebt es, kleine Arrangements zu gestalten. Ob Fensterbank oder Wand, ihre Handschrift prägt das gemütliche Ambiente mit persönlichen Details

Die Ideen und Inspiration für ihre Romanfiguren erhält die Bestsellerautorin immer und überall. »Ich bin ein Spanner«, behauptet sie lachend von sich selbst und erzählt, wie sie im Biergar-

»Der Mann vom Arbeitsamt hat mir zur Gründung einer Ich-AG geraten und mir Überbrückungsgeld gewährt. Und mir war klar, das ist jetzt meine Arbeit. Acht Stunden am Tag.«

ten, aus dem Fenster ihrer Münchner Wohnung, vor der Tür ihres Allgäuer Landhauses und vor allem im eigenen Familien- und Freundeskreis Beobachtungen und Charakterstudien für »ihre Zweitfamilie« anstellt. Authentisch schreiben gelingt schließlich nur dort, wo man sich auskennt, findet Rita Falk und verleiht ihren Figuren gern Züge, die ihr auch an ihren reellen Liebsten gut gefallen. Und sogar dem fiktiven Ort des mörderischen Geschehens in ihren Romanen liegt ein echtes beschauliches Vorbild, die niederbayerische Marktgemeinde Frontenhausen, zugrunde.

Was allerdings wie locker aus Hüfte geschossener Erfolg klingt, ist in Wirklichkeit das Ergebnis harter und kontinuierlicher Arbeit am Schreibtisch. Das, wofür die Autorin früher einen festen Platz benötigt hat, erledigt sie nach

↖ Ein Gemälde der Hausherrin. Demnächst findet die Ausstellung mit ihren Erstlingswerken statt
← Private Fotos prägen den Flur und liefern ein Bild der Bewohner
→ Viel Platz für Gastlichkeit. Die Hausherrin in ihrem Wohnzimmer

↑ *Ihr Garten ist neben dem Schreiben Rita Falks Leidenschaft. Die Arbeit mit den Händen in der Erde gibt ihr Kraft und Energie*
→ *Das Herzkissen auf der Küchenbank ist ein Geschenk von einem Eberhofer-Fan*

nunmehr zwölf Jahren Routine überall. »Anfangs musste ich mich förmlich in mein Arbeitszimmer mit einer Tasse Kaffee verkriechen, um in Flow zu kommen. Aber inzwischen klapp ich egal wo, sogar unterwegs in der Bahn, mein Laptop auf, und los geht's«, bestätigt sie. Klassische Schreibblockaden kennt Rita Falk nicht, aber nach einer schweren persönlichen Tragödie (vor einem Jahr starb ihr Mann) ging vier Monate nichts mehr. »Es kam einfach nichts, und wenn ich endlich etwas zu Papier gebracht habe, dann war das Mist«, so ihr gnadenloses Urteil. Bis eine gute Freundin die Reißleine zog, sich bei ihr einquartierte, um Rita den Rücken frei zu halten. »Ich musste mich um wirklich nichts mehr kümmern, das war eine riesige Erleichte-

»Jetzt, nach etwa vier Monaten, macht das tägliche Joggen echt gute Laune, und ich mag es nicht mehr missen.«

rung. Trotzdem war es ausgesprochen mühsam, bis ich das Gefühl hatte, wieder im alten Flow zu sein«, gesteht sie. Und auch der Sport half und hilft ihr, wieder auf die Beine zu kommen. Schreiben ist bekanntermaßen eine sitzende Tätigkeit, und seit sie aufgehört hat zu rauchen, lag die Idee nahe, mit mehr Bewegung ein paar überflüssigen Pfunden auf den Leib zu rücken. »Zuerst war das eine einzige Quälerei. Aber jetzt, nach etwa vier Monaten, macht das tägliche Joggen echt gute Laune, und ich mag es nicht mehr missen«, sagt Rita Falk. Dass es ihr heute gut geht und sie genau das Leben führt, das sie führen möchte, verdankt sie ihrer Überzeugung nach ihrer Disziplin und ihrem hundertprozentigen Einsatz. Und zu was der aktuell führt, werden wir alle sicherlich schon bald zu lesen und zu sehen bekommen …

↖ *Geweihe liefern das deutliche Indiz, dass man sich hier in einem Landhaus befindet*

↑ *Bücher sind die natürliche Kulisse für die Bestsellerautorin. Was sonst?*

RITA FALK
Wichtige Tipps

1

Rita Falk sagt von sich selbst, sie sei niemand, der anderen gern Ratschläge erteilt. Aber ein wichtiges Erfolgsgeheimnis gibt sie doch jedem mit auf den Weg: Man muss am Ball bleiben, nicht jammern – das will niemand hören und interessiert auch nicht – und nie den Kopf hängen lassen. Die Belohnung fürs Zähne-Zusammenbeißen ist der Stolz auf das, was man ganz allein zuwege gebracht und sich erarbeitet hat. Dabei geht es nicht nur und so sehr um Materielles, sondern um das, was einem selbst wirklich wichtig ist. Diese Analyse sollte unbedingt zu Anfang jeder Zukunftsplanung erfolgen.

Eine feste Mittagspause ist der obligatorische Break in Rita Falks Arbeitsalltag. Dann kocht sie sich etwas, trinkt einen Cappuccino, verschafft sich mit etwas Gartenarbeit Bewegung oder liest zur Recherche. True-Crime-Sachbücher sind übrigens ihre Lieblingslektüre und nicht selten auch Inspirationsquelle.

2

Bei der Einrichtung ihres Zuhauses und ihres Arbeitsplatzes ist das Wohlgefühl Rita Falks wichtigster Berater. Wenn ihr ein Designerstück gefällt, dann kauft sie es, weil es schön ist – nicht des Wertes wegen. Es kann aber auch ein Flohmarktschnäppchen sein, das Begierde weckt.

3

SCHREIBEN IST EINE EINSAME TÄTIGKEIT

und duldet keine Ablenkung. Daher zieht Rita Falk auch während ihrer Arbeit gern mal den Telefonstecker und liest auch keine Mails. »Schon der kürzeste Anruf oder ein schneller Blick auf die eingehende Post werfen mich raus«, befindet sie. Bei wichtigen Dingen den Fokus setzen und Störfaktoren aktiv ausschließen, das gehört zu den Dingen, die man selbst lernen und auch den Menschen um einen herum manchmal beibringen muss. Immer nett, aber bestimmt.

Die Übersetzung von Power
mit »Macht« gefällt Rita Falk nicht
und liegt ihr auch nicht. Aber wenn
damit gemeint ist, Gas zu geben, zu
wissen, was man will, dann ist »Power«
ein Begriff, mit dem sie etwas
anfangen kann.

RITA FALK | AUTORIN

FOTOS BRITA SÖNNICHSEN

Sound des Lebens

Als Studentin der Rechts- und Politikwissenschaften schien
Teresa Piejeks Weg in geordneter Weise vorbestimmt zu sein.
Doch ihr Engagement für die Arbeiterpartei Solidarność bedingte
in den Achtzigern die Flucht aus Polen ins Berliner Exil.

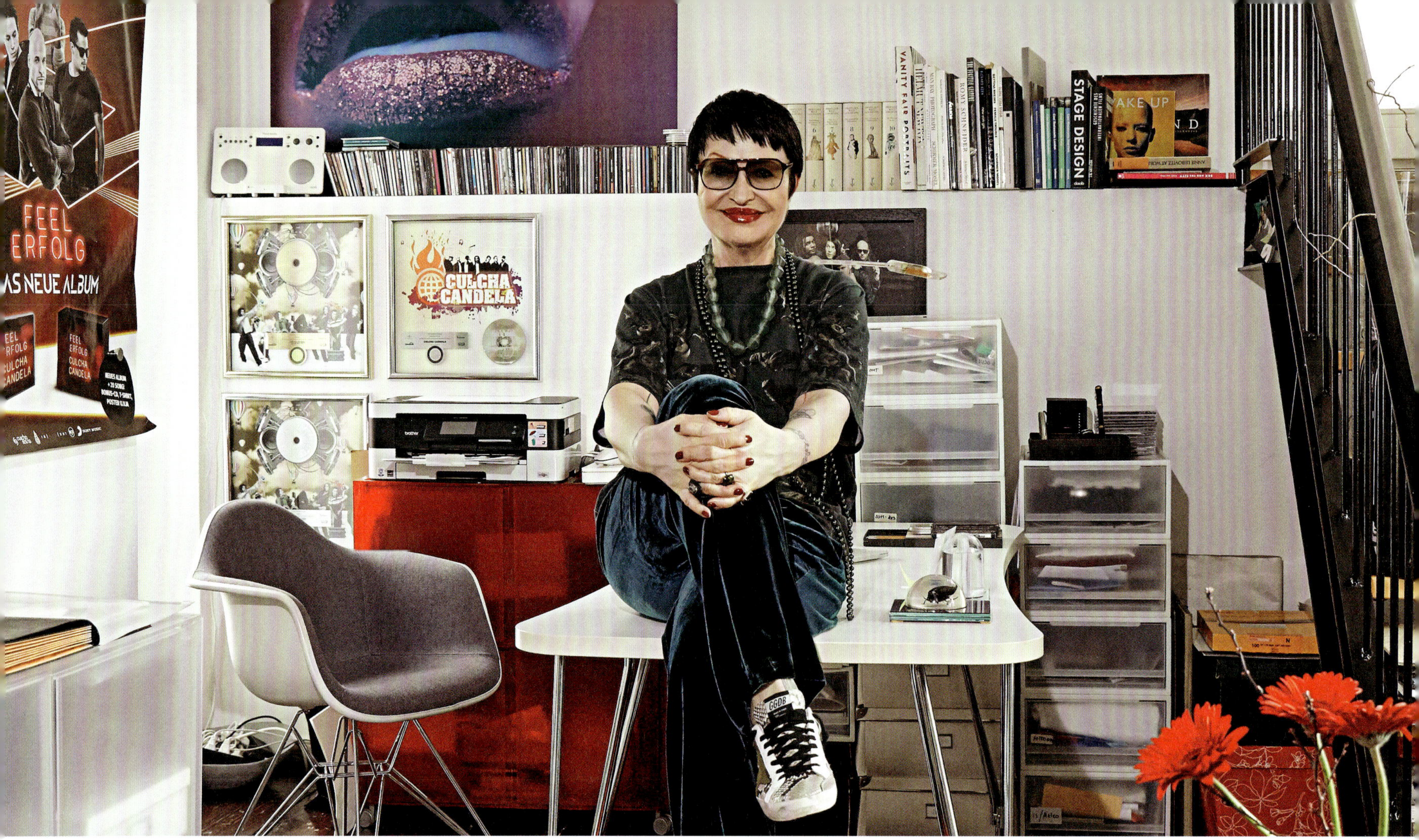
FEEL
ERFOLG
AS NEUE ALBUM
CULCHA CANDELA
VANITY FAIR PORTRAITS
STAGE DESIGN

a Candela
OUT NOW!
culcha
FEEL
ERFOLG
DAS NEUE ALBUM
culcha candela
CANDELISTAN
FEEL
ERFOLG
CULCHA
CANDELA

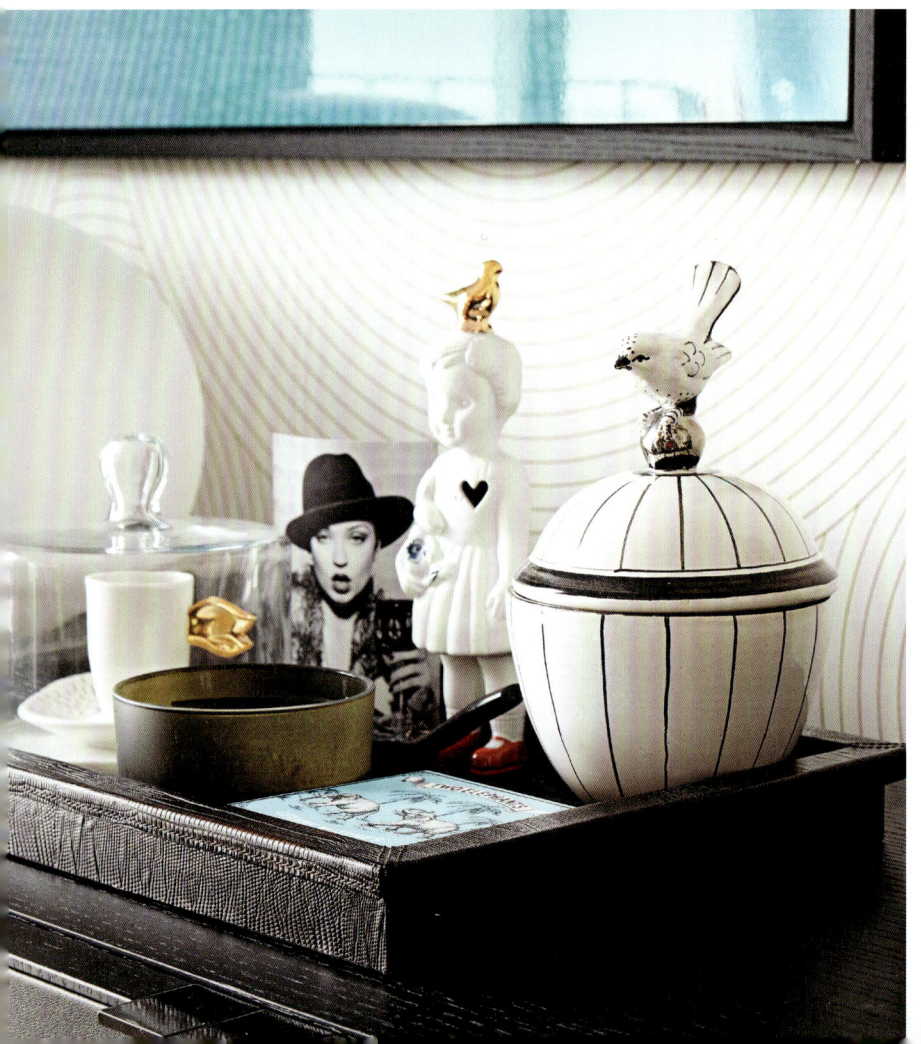

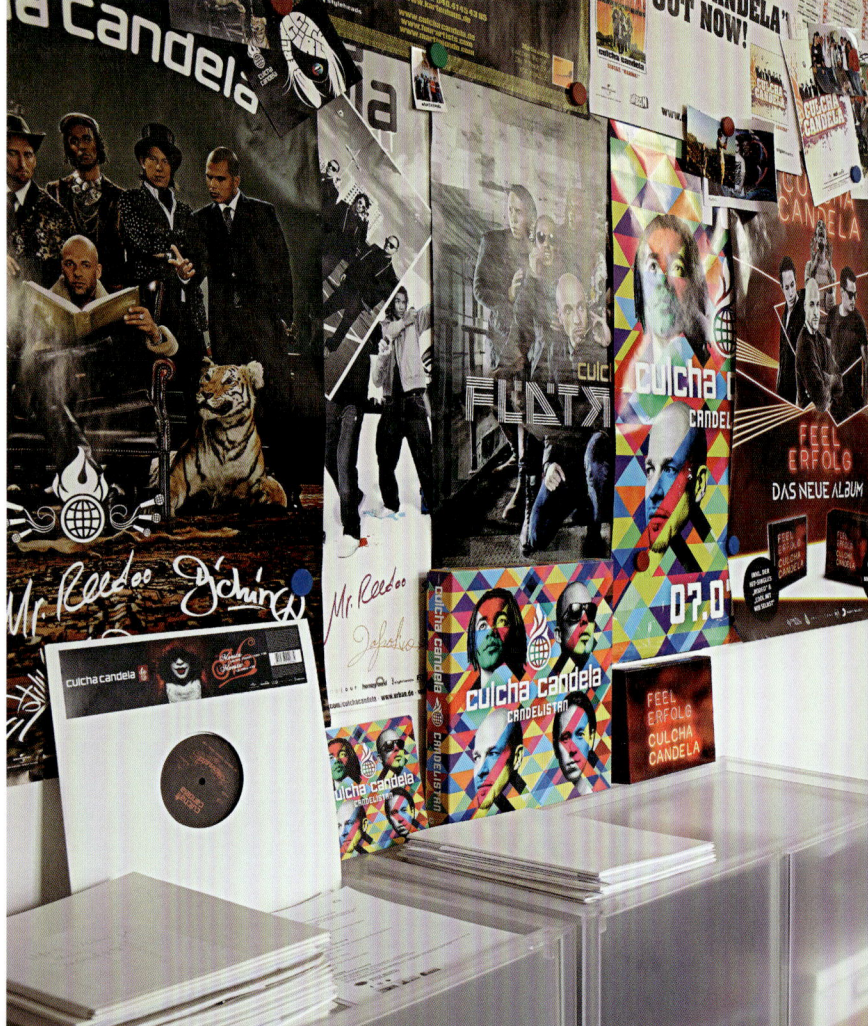

Im Schmelztiegel der Subkultur erfand sich die Musikbegeisterte noch mal völlig neu. Und statt Gesetzes- sind es heute Songtexte, die die Band-Managerin und Inhaberin eines Plattenlabels täglich beflügeln

M

it 23 Jahren Mutter eines kleinen Sohnes, bereits getrennt von dessen Vater zu sein und im britischen Sektor Westberlins um Asyl zu bitten, das ist ein fast filmreifer Auftakt zu einem weiterhin bewegten Leben. »Die Engländer waren so nett und haben mich beim Aufnahmegespräch mit Tee und Kuchen versorgt«, erinnert sich Teresa Piejek dankbar an ihren Antrag auf politisches Asyl im Konsulat. Ihre Heimat Polen hat sie nach ihrer Ausreise – kurz vor dem damaligen Ausruf des Ausnahmezustands, um den wachsenden Widerstand der Bevölkerung gegen das polnische Regime niederzuschlagen – ausgebürgert. Ihren Sohn Mateo musste die nun Staatenlose zunächst bei den Eltern in Breslau zurücklassen, bis Teresa Piejek die deutsche Staatsbürgerschaft erhalten hat. »Mir wurde klar, dass ich an mein Studium in Jura und Politik im Westen nicht mehr anknüpfen konnte. Meine Scheine wurden hier nicht anerkannt. Also machte ich mich zunächst als Immobilienmakle-

rin selbstständig und später wechselte ich in die Modebranche«, beschreibt sie die pragmatische Art, mit der sie als Selbstständige ihren Lebensunterhalt für sich und Mateo sicherte. »Es war eine echt crazy Zeit damals in Berlin, vor der Wende«, schwelgt Teresa Piejek in Erinnerung an wilde Zeiten. Die Stadt schlief nie, und aus der alten Republik spülte es eine Welle von jungen Kriegsdienstverweigerern und Party-People in die sperrstundenfreie Zone.

»Es war eine echt crazy Zeit damals in Berlin, vor der Wende«

Als sie Anfang der 2000er-Jahre von ihrem Sohn und seiner bis dato noch unbekannten Band gefragt wurde, ihre Managerin zu werden, reizte die inzwischen gewiefte Vertrieblerin die Herausforderung. »Ich wusste, ich kann alles verkaufen, und eigentlich ist eine Band ein Produkt wie jedes andere«, erklärt sie ihren Entschluss, auf unbekanntes Terrain zu wechseln. Nach bereits fünf Monaten hatte die siebenköpfige Band tatsächlich ihren ersten Plattenvertrag in der Tasche. Teresa Piejek war im Musikbusiness angekommen. Ihre Karriere, die gezwungenermaßen mit einem Quereinstieg begann, bestätigt

TERESA PIEJEK | MUSIK-MANAGERIN

↖ *Teresa Piejek in ihrem Element. Auch zu Hause dreht sich natürlich alles um die Musik*
↞ *Wohin ihr Auge auch schweift – die Hausherrin kennt keine Gnade, wenn es um Ästhetik geht*
← *Poster, Platten, Konzertkarten: Relikte eines aufregenden Lebens*

↑ *Gewöhnlich ist in Teresa Piejeks Zuhause nichts – wie der rote Küchenblock beweist*
→ *Szenenwechsel Musikverlag: Auch hier sucht man die typische Büroatmosphäre vergebens*

die 63-Jährige in ihrer Überzeugung, dass man werden kann, was immer man auch sein will. Ihre Leidenschaft für alles, was sie tut, hat ihr zum Erfolg verholfen, ist sie sich sicher. Inzwischen ist die Mutter des Leadsängers nicht nur seit 19 Jahren Managerin von Culcha Candela, sondern zusammen mit Mateo auch Inhaberin eines eigenen Plattenlabels und Musikverlags. Neben dem gemeinsamen Büro bewahrt sich Teresa Piejek auch ihren Arbeitsplatz zu Hause. Wer hier aber ein konventionelles Homeoffice erwartet, sucht vergebens. »Bei mir ist nichts nach Standard eingerichtet. Ich bin mein eigener Standard«, konstatiert die kompromisslose Ästhetin, deren ganz eigener Sinn für Schönheit und Harmonie sie schon mal beim Anblick von optischen Störungen aus der Fassung bringen kann.

»Ich kann mich einfach nicht konzentrieren, wenn ich auf Chaos gucken muss. Manchmal hilft es aber auch schon, die Brille abzunehmen«

»Wenn ich irgendwo anders bin, wo ich nicht einfach umräumen darf oder kann, setz ich mich um. Ich kann mich einfach nicht konzentrieren, wenn ich auf Chaos gucken muss. Manchmal hilft es aber auch schon, die Brille abzunehmen«, lacht sie über ihre Kurzsichtigkeit, die in ihren Augen buchstäblich wie ein Weichzeichner wirkt. Lieber als am Schreibtisch sitzt Teresa Piejek aber an ihrem runden Esstisch, der nicht nur gut aussieht, sondern sich auch gut anfühlt. Für das Besprechungszimmer im Büro hat sie aus dieser Gewohnheit extra einen Tisch anfertigen lassen – mit weichem Linoleumbelag in Grau und Rot.
Weil sie die meiste Zeit des Tages von vielen Menschen umgeben ist, immer viel reden muss

TERESA PIEJEK | MUSIK-MANAGERIN

↖ »Ihre« Band im Minifor-
mat: Culcha Candela mit
Sohn Mateo als Frontmann
↑ Bei Teresa Piejeks sitzt
förmlich jede Inszenierung.
Rote Lippen, roter Sessel.
Perfekt.

und sich im ständigen Austausch befindet, freut sie sich umso mehr, in ihre Wohnung zurückzukehren. »Dann leg ich mich hier einfach auf den Holzboden und bin dankbar, dass niemand da ist«, verrät sie. Ihr Handy ist schließlich sieben Tage die Woche, 24 Stunden am Tag ange-

»Musik läuft quasi immer bei mir. Und zwar jedes Genre. Mich interessiert, was die jungen Leute machen, aber ich leg auch Klassik auf.«

schaltet. Aber auch wenn sie mal froh ist, dass niemand an ihr zerrt, Stille herrscht um sie herum nie. »Musik läuft quasi immer bei mir. Und zwar jedes Genre. Mich interessiert, was die jungen Leute machen, aber ich leg auch Klassik auf. Kommt ganz auf meine Stimmung an und was ich gerade zu tun habe«, erklärt Teresa Piejek ihre Hörgewohnheiten, bei denen sie immer ein Ohr für Neuentdeckungen spitzt. Belohnungen beschert sich die Lebefrau mit gutem Essen. »Restaurantbesuche sind meine Art des Luxus. Wenn wir wichtige Besprechungen haben, es etwas zu feiern gibt oder einfach, wenn ich zu müde zum Kochen bin, gehen wir aus«, lautet ihr immer funktionierendes Rezept, das pure Dasein zu feiern. Gründe dafür gibt es glücklicherweise täglich.

↖ Am runden Tisch wird gern und oft fürstlich gespeist
← Frische Blumen dürfen bei Teresa Piejek in keinem Arrangement fehlen. Dafür stehen reichlich Vasen bereit
→ Gemütlichkeit auf urbane Art. Die Hausherrin zeigt, wie es geht

TERESA PIEJEK | MUSIK-MANAGERIN

DAS PURE DASEIN FEIERN

TERESA PIEJEK
Wichtige Tipps

1

BEI DER EINRICHTUNG IHRER WOHNUNG

und des Büros legt Teresa Piejek Wert auf Dinge, die sie lange anschauen mag. »Ich treffe Entscheidungen schnell und intuitiv«, erklärt sie. Schwarz und Weiß sind nicht ihre (Farb-)Welt, lieber mag sie es bunt und skurril. Nur aufgeräumt und gut arrangiert muss das Ambiente sein, sonst fühlt sie sich unwohl.

2

Trotz ständiger Erreichbarkeit und unregelmäßigen Arbeitszeiten – oft am Abend und am Wochenende. Ihre Freizeit vernachlässigt Teresa Piejek nicht. Die verbringt sie als geborenes Großstadtkind gern mit Städtereisen. Eine ihrer Lieblingsstädte ist Palma de Mallorca. Weil die Baleareninsel Stadtleben, Meer und sogar Berge zum Wandern vereint.

3

Teresa Piejeks Mutter war Spätgebärende. »Ich war für sie eine Art Wunder, und alles, was ich gemacht habe, fand sie toll«, blickt die Tochter zurück. Dass sie nie kritisiert wurde, sei der Schlüssel für ihr Selbstbewusstsein und ihren unerschütterlichen Optimismus. Dieses Rüstzeug hat sie auch ihrem eigenen Sohn mitgegeben, und sie rät allen Eltern, die Selbstsicherheit der Kinder mit unbedingtem Vertrauen zu stärken.

4

MÜSSIGGANG IST IHR DING NICHT.

Und ans Aufhören denkt Teresa Piejek noch lange nicht. Ihr Traum ist vielmehr, solange es geht, zu arbeiten und ihr kleines, feines Label eines Tages an eine größere Musikfirma anzudocken. »Der tägliche Umgang mit jungen Menschen hält auch mich fit und frisch«, ist sie sich sicher.

Ihr Universaltipp: niemals kategorisch Nein sagen. Wer nicht wagt, der nicht gewinnt.

Mit Power assoziiert
Teresa Piejek die Farbe Rot,
Liebe und Leidenschaft. Ängste
überwinden und Herausforderungen meistern – das ist der Inbegriff von Power für sie.

FOTOS BRITA SÖNNICHSEN

BRITTA MÜLLER-KIRCHENBAUER
ARCHITEKTIN

Bauplan
fürs Leben

Die Begabung wurde ihr quasi in die Wiege gelegt.
Denn schon Vater, Großvater und Urgroßvater waren Ingenieur,
Architekt und Bauunternehmer, das Planen und Errichten von
Häusern hat sich in der Familien-DNA manifestiert.

*Aber auch wenn der Karriereweg
so geradlinig vorgezeichnet erschien –
Überraschungen und Wendungen hat er
noch genug bereitgehalten, dass Britta
Müller-Kirchenbauer ihren Beruf heute
genauso spannend findet wie am Anfang ihrer Karriere als Architektin*

E

ine Weile im jungen Leben von Britta Müller-Kirchenbauer hatte der andere Großvater als Vorbild die Nase vorn. Denn der Jurist und Richter,
so schien es zumindest der Enkelin, war deutlich
entspannter und hatte mehr Zeit für sie. Daraus folgerte sie, dass Jura eine feine Sache sein
müsste. Als es aber so weit war, das Berufsziel
ernsthaft ins Visier zu nehmen und ein Studium
zu wählen, war es längst die Architektur, die sich
durchgesetzt hatte und die sie reizte. »Schon
als Kind hatte ich wohl schon einen Hang zum
Inszenieren. Ich habe ständig umgeräumt und
Zimmerecken mit einer Blume dekoriert. Ich
wollte es eben schön haben«, lacht Britta Müller-Kirchenbauer bei der Erinnerung an ihr frü-
hes Faible für stimmige Raumgestaltungen.
Daran hat sich nichts geändert. Und noch heute freut sich die inzwischen 58-jährige darüber,
dass es ihr damals gelungen ist, ihre Passion zu
ihrem Beruf zu machen. Ihr Weg führte aus der
Geburtsstadt Karlsruhe über Berlin und dann

der Pferde zuliebe zum Studium. »Mein Traum
war es, nach dem Abschluss noch an die ETH
in Zürich zu gehen. Aber dann kam mir das Leben dazwischen«, beschreibt Britta Müller-Kirchenbauer ihre Hochzeit mit einem Tierarzt
und die Geburt ihres gemeinsamen Sohnes.
»Glücklicherweise hat mich mein Mann damals
immer darin unterstützt, meinen Beruf weiter
auszuüben«, ist sie dankbar für die Möglichkeiten, auch als junge Mutter bei spannenden
Bauprojekten wie dem Auftrag ihres Profes-
sors für eine Dorferneuerung mitzuwirken.
Als die Ehe scheiterte, blieb Britta Müller-Kir-

»Schon als Kind hatte ich wohl einen Hang zum Inszenieren. Ich habe ständig umgeräumt und Zimmerecken mit einer Blume dekoriert.«

chenbauer im Raum Hannover, ihr Mann zog
nach Freiburg, und der Sohn pendelte zwischen
den Elternteilen. Das gab ihr die Freiheit, eine
Festanstellung in einem Architekturbüro an-
zunehmen. Die Strukturen waren für damalige
Verhältnisse Anfang der 2000er-Jahre schon

*↖ Sonnenplatz er-
wünscht. Britta
Müller-Kirchenbauer
auf ihrer Terrasse mit
Blick auf die Elbe
↞ Privater Wohn-
traum auf drei
Etagen. Bodentiefe
Fenster bieten maxi-
male Offenheit
↞ Mediterranes Flair
mitten in Hamburg*

sehr fortschrittlich und frei, sodass sich ein Umzug nach Hamburg und die Zusammenarbeit mit dem Team auf Distanz realisieren ließ. Lange pendelte Britta Müller-Kirchenbauer zwischen den beiden Metropolen, bis vor etwa sechs Jahren endgültig die Idee in ihr reifte, sich mit einem eigenen Büro selbstständig zu machen. »Ich wollte endlich alle Entscheidungen selbst treffen, und es lief von Anfang an sehr gut«, erinnert sich die Architektin an ihren ersten Auftrag, die Gestaltung der Kantine Elbe des Otto-Konzerns zu übernehmen. Zum Glück konnte sie auf ein bestehendes Netzwerk zurückgreifen, das sowohl aus ihren drei festen Mitarbeiterinnen sowie befreundeten Lichtplanern, anderen Architekten sowie zuverlässigen Handwerkern besteht. »Wir haben uns gemeinsam so aufgestellt, dass jeder das tun kann, was er gern macht und am Besten kann. Ich zum Beispiel beschäftige mich ungerne mit Bauanträgen, selbst wenn es gut bezahlt wird. Formulare sind mir ein Graus. Ich würde auch zu lange brauchen, das können andere viel besser. Es geht ja auch um Lebenszeit, und die ist mir zu schade«, stellt sie ihre Prioritäten klar. Dass ihre Work-Life-Balance hergestellt wird, dafür sorgen nicht zuletzt die beiden Hunde Molly und Motte. Von ihrem liebevoll renovierten Bootshaus im blankeneser

↖ Kreativschmiede unterm Dach. Ein altes Esstischgestell trägt die große Holzplatte, auf der entworfen und gezeichnet wird
← Historische Stühle aus Schweden dienen als Regalersatz. Sie verkörpern auf ideale Weise das Konzept der Schönheit im Einfachen
→ Viel Weiß, ein Le-Courbusier-Klassiker im Mix mit gusseisernem Ofen und Weichholzkirchenbank auf puristischem Betonboden begründen das Raumkonzept

SCHÖNHEIT IM EINFACHEN

↑ *Schmusestunde mit Hund Molly. Gemeinsam mit Neuzugang Motte sorgen die Vierbeiner für regelmäßige Gassi-Pausen am nahen Elbstrand*
→ *Konsequent bis ins Detail. Selbst Hund Molly passt perfekt ins (weiße) Bild*

Treppenviertel ist es nur ein Steinwurf bis zum Elbufer, an dem die drei bereits in der Früh unterwegs sind. Meist schon morgens um sieben schnappt sie sich ihr Telefon und erledigt bei einem Strandspaziergang anstehende Anrufe. Im kleinen Ortskern des Stadtteils liegt auch ihr Büro, dessen Schaufenster sie zur Freude der Nachbarschaft regelmäßig in bester Tradition aus Kindertagen neu hübsch dekoriert.

»Ich mache, was mir Spaß macht und am Herzen liegt, und werde auch noch dafür bezahlt.«

Gleichzeitig dient es auch als Schaltzentrale für ihr Tun, denn neben Aufträgen zumeist auf dem norddeutschen Festland hat sich Britta Müller-Kirchenbauer ein zweites Standbein auf Sylt geschaffen. Die Lieblingsinsel ihrer früh verstorbenen Mutter ist in kurzer Zeit zu einem weiteren lukrativen Spielfeld der Architektin geworden. Molly und Motte genießen die regelmäßigen Stippvisiten von Hörnum bis List, zu denen sie ihr Frauchen selbstverständlich immer begleiten. Und auch wenn die Tage, an denen Inselbesuche anstehen, besonders früh beginnen, wird es ihr selten zu viel, wie sie selbst sagt: »Ich bin mir bewusst darüber, wie viel Glück ich mit meinem Beruf habe. Ich mache, was mir Spaß macht und am Herzen liegt, und werde auch noch dafür bezahlt.« Dass die ambitionierte Seglerin sich ihren Erfolg mit Konsequenz, sportlichem Ehrgeiz und mutigen Entscheidungen mehr als verdient hat, nimmt sie mit hanseatischem Understatement zur Kenntnis. Sie ist in ihrem jetzigen Leben angekommen, sagt man da wohl.

BRITTA MÜLLER-KIRCHENBAUER | ARCHITEKTIN

↖ Balkone auf jeder Etage
bieten einen großzügigen
Austritt nach draußen
↑ Qualität statt Quan-
tität. Der Egg Chair von
Arne Jacobsen erhält
genügend Entfaltungs-
spielraum im reduzierten
Ambiente

BRITTA MÜLLER-KIRCHENBAUER

Wichtige Tipps

1

Vielen geht es so wie Britta Müller-Kirchenbauer, die vermutlich mehr Zeit am Tag am Schreibtisch und im Büro verbringt als in ihrem Wohnzimmer. Ein guter Grund, der Einrichtung viel Aufmerksamkeit zu schenken. Auch im Detail: Mit Blumen, Ordnungssystemen, die nicht nur funktional, sondern auch ästhetisch ansprechend sind, sowie kleinen Fluchten, wie einem gemütlichen Sessel, lässt sich viel für die mentale Gesundheit und das Wohlbefinden tun.

2

DAS A UND O IST EIN FUNKTIONIERENDES NETZWERK.
Nicht alles selbst machen zu müssen und nicht jede Aufgabe annehmen, das sind für Britta Müller-Kirchenbauer die wichtigsten Erkenntnisse aus ihrem Berufsleben.

3

»DIE ERSTE IDEE IST FAST IMMER DIE BESTE«,
so Britta Müller-Kirchenbauers Erfahrung. Und vielleicht weil sie nicht zur Generation der Digital Natives gehört, bringt sie die mit ihrem dicken Bleistift als Scribble aufs Papier. Dank der langen Zusammenarbeit mit ihrer Mitarbeiterin Alexia versteht diese die Skizze sofort und ohne lange Erklärungen. Ein Plädoyer für langfristige berufliche Bindungen, wie Britta Müller-Kirchenbauer findet.

4

Mit eigentlich fremden Menschen deren idealen Lebensraum zu besprechen hat etwas sehr Intimes. Die Architektin schätzt die psychologische Seite ihrer Arbeit und wirbt dafür, ihren, aber auch andere Berufe komplex zu begreifen. So bleibt die Spannung auch in scheinbarer Routine erhalten.

Britta Müller-Kirchenbauer rät, öfters mal auf den Bauch zu hören und den Instinkt walten zu lassen. »Wenn sich etwas nicht gut und richtig anfühlt, ist es das vermutlich auch nicht. Jedenfalls nicht für mich«, so ihre Lösung.

Power bedeutet für
Britta Müller-Kirchenbauer eine
positive Ausstrahlung, Energie
zu tanken und weiterzu-
geben.

BRITTA MÜLLER-KIRCHENBAUER | ARCHITEKTIN

GRACIELA CUCCHIARA
KÖCHIN

Nomen
est omen

Ihr Nachname klingt ein bisschen wie »cucinare«. Und so wundert es nicht, dass die gebürtige Argentinierin Graciela Cucchiara ihr Leben dem Kochen verschrieben hat. Dass ihr Herz besonders für die italienische Küche schlägt, passt dabei ebenfalls bestens in Bild.

Aber ihren Aktionsradius nur bis jenseits der Alpen zu ziehen, das wäre deutlich zu kurz gegriffen. Denn wo immer in der Welt es in einem Kochtopf brodelt, guckt sie liebend gern unter die Deckel ...

E

s gibt eine Anekdote aus Graciela Cucchiaras Leben, die so bezeichnend für sie ist, dass man sofort ein sehr lebendiges Bild dieser quirligen Person vor Augen hat, selbst wenn man sie nicht persönlich kennt. Sie war mit ihrem zweiten Ehemann auf Luxusurlaub in Thailand, und das Ferienresort bot wirklich alles, um mal vom stressigen Alltag abzuschalten. Aber statt neben ihrem Gatten auf der Sonnenliege Pool, Landschaft und Service zu genießen, stattete Graciela Cucchiara lieber der Restaurantküche einen Besuch ab. »Hier lernte ich aus erster Hand, eine originale Tom-Kha-Gai-Suppe zuzubereiten. Dieses Rezept verwende ich immer noch«, erinnert sie sich schmunzelnd an das Gesicht ihres Gatten, als er von ihr seinen Lunch serviert bekam. Begonnen hat die Leidenschaft fürs Kochen schon früh, mit sieben Jahren assistierte sie ihrer italienischstämmigen Großmutter daheim in Buenos Aires in deren Küche. Und instinktiv hat sie damals schon die Zubereitung, das Es-

sen sowie das kommunikative Beisammensein als Event verstanden. Aber bevor sich ihre Begabung, Menschen mit der Zubereitung ihrer Mahlzeiten zu unterhalten, entfalten konnte, ließ sich die Vielinteressierte als Grafikerin ausbilden. Mit ihrer ersten Liebe, einem Argentinier mit ebenfalls italienischen Wurzeln, zog es sie nach Europa, in einen kleinen Ort nahe Mailand. Die Beziehung zerbrach nach kurzer Zeit, aber Graciela Cucchiara blieb. Neben dem Job im Grafikatelier veranstaltete sie Caterings und lernte eine Menge über die italienische Küche.

»In Thailand lernte ich aus erster Hand, eine originale Tom-Kha-Gai-Suppe zuzubereiten. Dieses Rezept verwende ich immer noch«

Nach Deutschland zog es sie Ende der Achtzigerjahre letztendlich wegen der Liebe. Dieses Mal war es allerdings kein Mann, der sie ihre Koffer packen ließ, sondern ihre Neffen. Gracielas Schwester lebte mit ihren Söhnen in Augsburg, und um ihnen nahe zu sein, siedelte die damals Dreißigjährige zu ihrer Familie um. Es folgten für sie arbeitsintensive Jahre für

↖ Graciela Cucchiara ist nicht oft an ihrem Schreibtisch anzutreffen. Ein schöner Platz ist das trotzdem ...
←← Farben gehören zum wichtigsten Stilmittel. Angst vor starken Tönen hat die Hausherrin wahrlich nicht
← Probieren geht über Studieren. Wer möchte da nicht gern Proband sein?

↑ *Ihre Lebensfreude, Neugierde und Dynamik sind Graciela Cucchiara ins Gesicht geschrieben*
→ *Mit einem Augenzwinkern setzen originelle Accessoires dekorative Akzente*

Marken wie Feinkost Käfer, Alessi, Kenwood und andere namhafte Firmen, für die das Multitalent nicht nur Broschüren und Speisekarten am Computer sowie Fotografien erstellte, sondern auch Events organisierte und ausrichtete. »Ich habe so viel in dieser Zeit gelernt, aber die besten Lehrstunden hatte ich immer auf meinen Reisen«, gesteht die leidenschaftliche Köchin, deren Drang hinaus in die Welt sie auch immer zielsicher an heimische Kochtöpfe geführt hat. Die Rezepte der »Mamas« zu lernen, wie sie es nennt, war ihr Antrieb.

»Die besten Lehrstunden hatte ich immer auf meinen Reisen.«

»Überall gibt es Mütter und Omas, die ihren Familien etwas Leckeres auf den Tisch stellen. Einfach und gut. Das sind die Gerichte, die mich interessieren«, erklärt die passionierte Autodidaktin. Und so machte sie sich meist allein auf den Weg, um den Geheimnissen regionaler Gerichte und Leibspeisen auf die Spur zu kommen. Dafür ging sie beispielsweise in Vietnam auf den Fischmarkt und sprach einfach Käuferinnen an den Ständen an, ob sie mit ihnen kochen dürfe. Das funktionierte dort, in Japan und an vielen anderen Orten der Welt. Mitgenommen von diesen sehr persönlichen Einblicken hat die bei allem Erfolg bodenständig gebliebene Unternehmerin genau die Geheimnisse aus den Küchen, die in keinem Kochbuch stehen und bei denen nicht exakte Mengenangaben, sondern buchstäblich das Schütteln aus dem Handgelenk für den letzten geschmacklichen Pfiff sorgen. Kochen ohne Waage, Pfeffermühle und ähnliche, aus Graciela Cucchiaras Sicht verzichtbare Utensilien lieferte auch das Konzept für ihre Kochgarage, die sie 2009 mit ihrer Schwester an ihrer Seite gründete. Die Location, die vor-

GRACIELA CUCCHIARA | KÖCHIN

↖ *Nicht nur kulinarisch, auch modisch experimentiert der kreative Freigeist gern herum*
↑ *Ihre Handtaschensammlung übernimmt die Wandgestaltung. Garderobenhaken von Vitra liefern adäquate Halterungen*

mals eine Käserei und zuletzt Werkstatt war, bietet genügend unkonventionellen Raum für eine Kochschule der anderen Art. Die gemeinsame Zubereitung der Speisen hat Eventcharakter, und die »Schüler« sind zumeist gestandene Manager, die hier an der Seite des Azubis Zwiebeln hacken und miteinander eine gute, entspannte Zeit haben. Ihre wachsende Popularität brachte der Chefin im Jahr 2013 die Teilnahme an der Kochsendung »The Taste« ein, wo Graciela Cucchiara ihr Idol Tim Mälzer kennenlernt und als Mentor gewinnt. Der hat so viel Spaß an der unorthodoxen Herangehensweise seines Schützlings, dass er Teile seines Kochbuchs in der Münchner Kochgarage produziert.

Als Corona das brummende Eventgeschäft auf unabsehbare Zeit jäh gestoppt hat, konnte Graciela Cucchiara mal wieder einen Trumpf ausspielen. Jammern, klagen und verpasste Chancen betrauern liegen der Selfmade-Frau nämlich genauso fern wie das Nichtstun. Also hat sie sich mal wieder neu erfunden, aus der Kochschule einen italienischen Lebensmittelladen gemacht, in dem die Kunden authentische Zutaten oder frisch zubereitete Gerichte bekommen, um zu Hause wie bei »Mamma« zu speisen. Und, wie könnte es anders sein: Graciela, es schmeckt ihnen!

↖ ← Alimentari da Graciela ist ein Stück Italien mitten in München. Die ehemalige Käserei bietet mit ihren Backsteinmauern die authentische Kulisse für ein bisschen Italo-Kitsch
→ Die Köchin in ihrer natürlichen Wirkungsstätte

· HIER SCHMECKT'S IMMER ·

GRACIELA CUCCHIARA

Wichtige Tipps

1

Deprimierte Phasen haben bei Graciela Cucchiara keine Chance. Sie hält sich nicht mit düsteren Gedanken auf, und wenn ihr etwas spürbar nicht guttut, wendet sie sich bewusst schönen Dingen zu. Das Einzige, was die bekennende Einzelgängerin ernsthaft nerven kann, ist, keine Ruhe zu bekommen. Wenn sie also abends beginnt, die Blumen ihrer Außenterrasse zu gießen, wissen auch die letzten Gäste, dass es Zeit für sie wird zu gehen.

2

Graciela Cucchiara ist sich immer treu geblieben. Von hochstapeln hält sie nichts. »Ich behaupte nie, mehr zu können, als ich mir sicher bin, leisten zu können«, ist ihr unumstößlicher Grundsatz für alles, was sie tut.

3

ORDNUNG IM STRENGEN SINN

ist Graciela Cucchiaras Sache nicht. »Wo ich arbeite, herrscht keine Ordnung«, lautet ihr Fazit. Dafür sei ihre Vorliebe für Farben, unterschiedliche Materialien und vor allem für Improvisationen zu groß. Aber das macht auch die Authentizität aus: Niemand sollte sich für irgendwelche Trends und Moden verbiegen. Die kommen und gehen, aber die Persönlichkeit bleibt.

4

Auch wenn sie eine wunderbare Sorglosigkeit und Leichtigkeit versprüht: Graciela Cucchiara ist auch die Vernunft in Person. Vorausschauendes Denken und Worst-Case-Szenarien durchspielen, damit sie auf alles gefasst ist, helfen ihr, in fast jeder Situation gelassen zu bleiben. Bodenständigkeit und das Prinzip, keine Schulden zu machen, lassen sie gut schlafen.

Nicht Mut zur Lücke, vielmehr der Mut, Pläne zu realisieren, um Träume zu verwirklichen, ist ihr Rezept, um Erfolg zu haben.

Power ist für Graciela Cucchiara gleichbedeutend mit der Fähigkeit, positiv zu denken. Power impliziert Kreativität und Improvisation.

GRACIELA CUCCHIARA │ KÖCHIN

Phönix
aus der Asche

Schon als kleines Mädchen haben sie die Geschichten hinter dem rein Plakativen interessiert. Tanja Demmerath wollte beruflich in die PR, lange bevor sie den Begriff für Öffentlichkeits- arbeit im Namen von Unternehmen oder Organisationen überhaupt nur kannte.

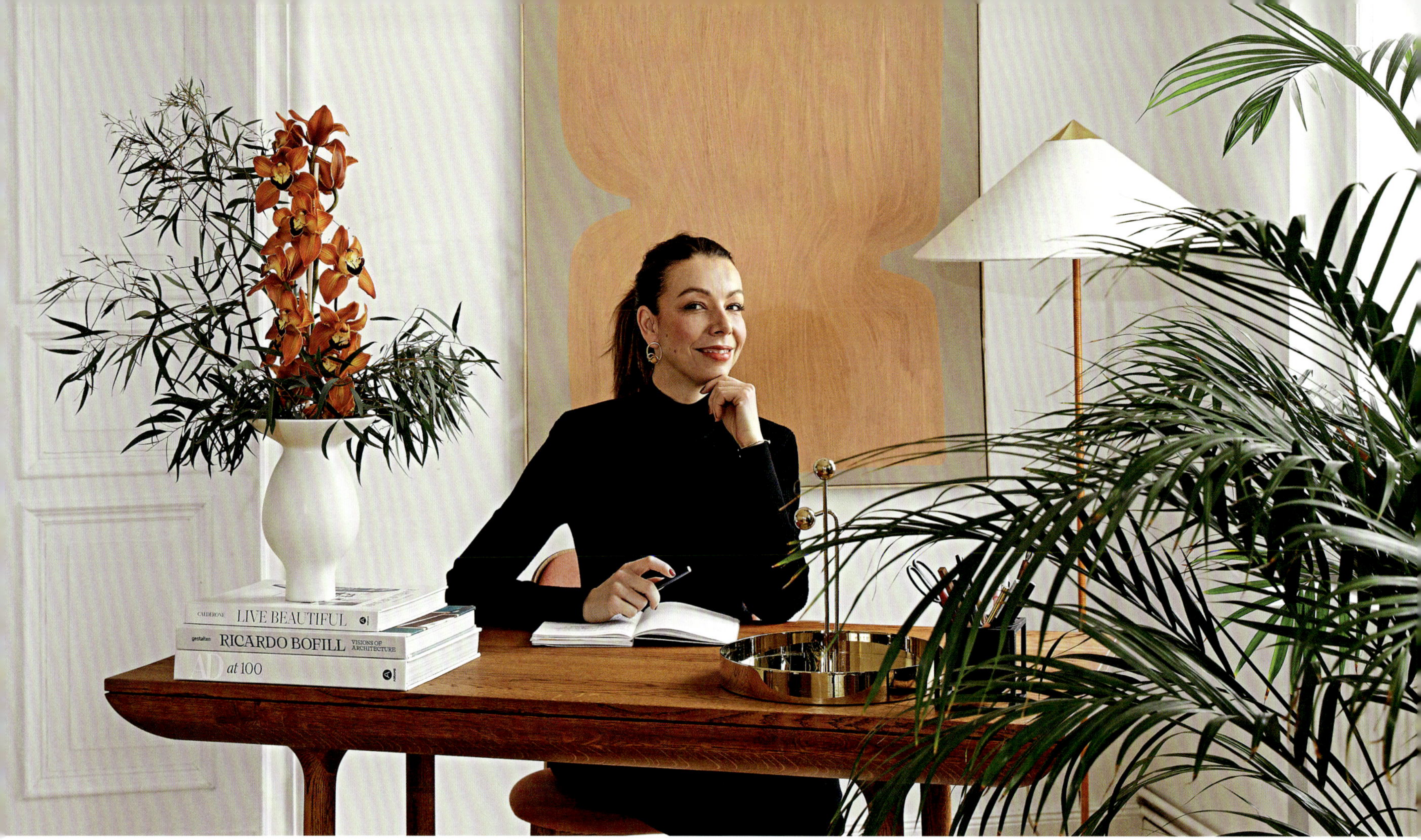
LIVE BEAUTIFUL
RICARDO BOFILL
VISIONS OF ARCHITECTURE
AD at 100

Three Travel Sketchbooks
Venice
India
Senegal
Françoise Gilot

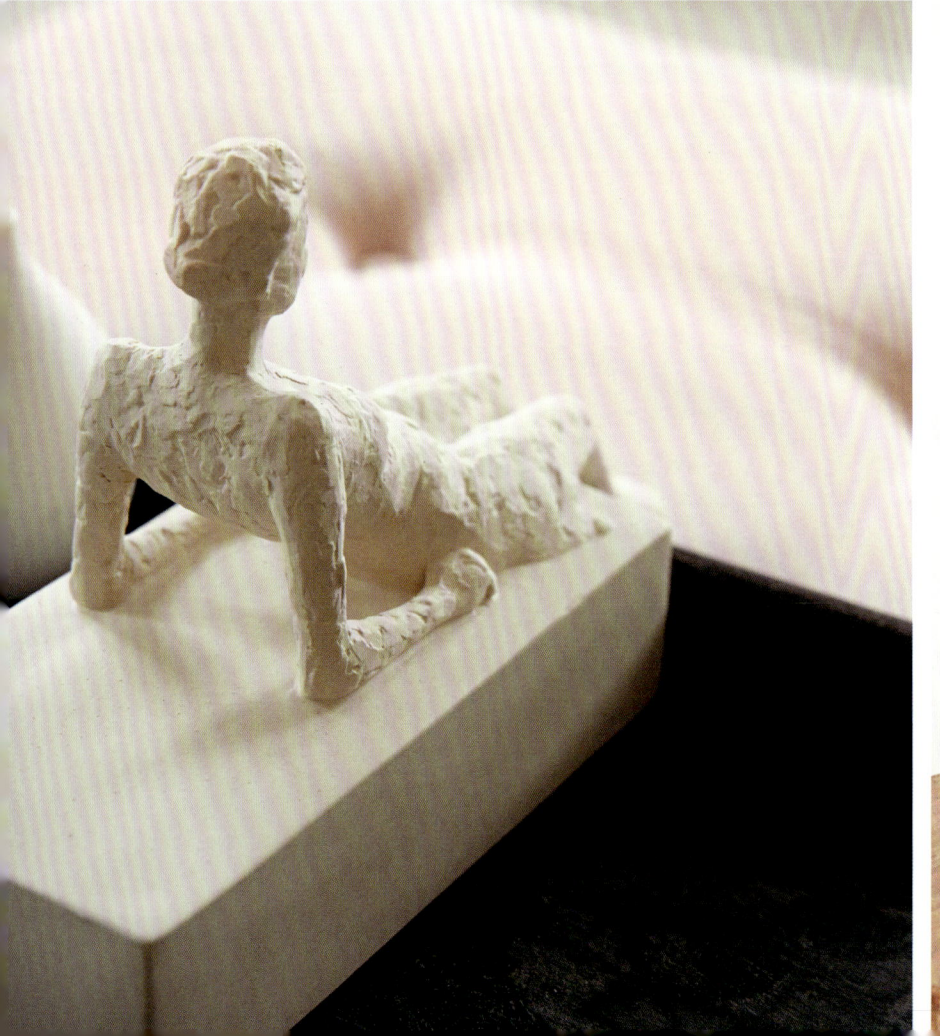

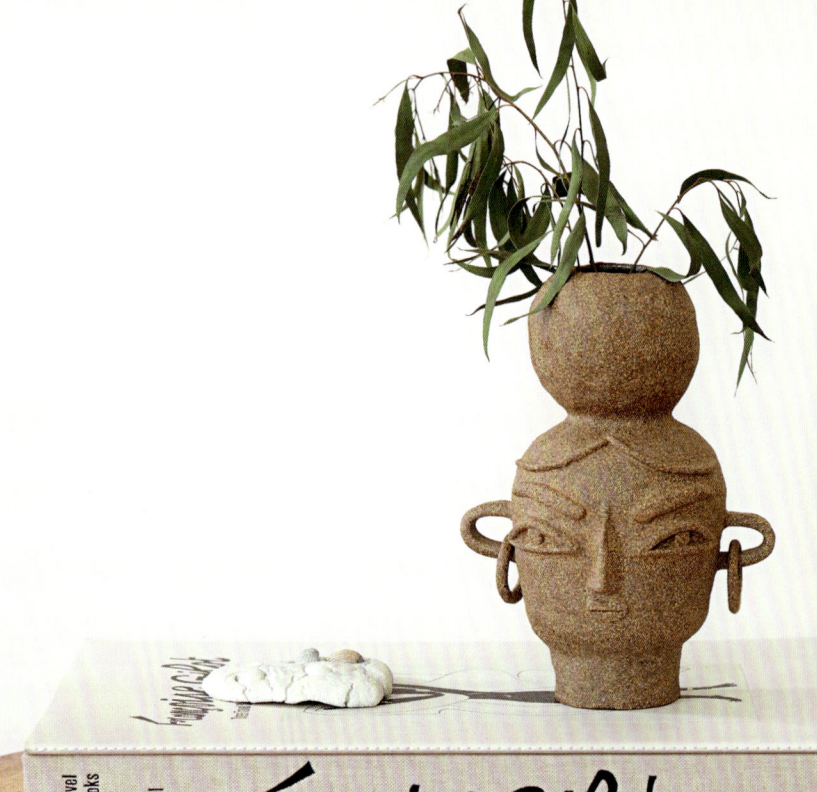

Jung gestartet, öfters mal gestolpert,

aber immer wieder aufgestanden,

so kann die Gründerin der Berliner

Kommunikationsagentur Impulse heute

so schnell nichts mehr ins Wanken

bringen

S

ie war jung, gutgläubig und noch viel zu unerfahren, so Tanja Demmeraths eigenes Fazit über ihren geschäftlichen Bankrott, der die junge Unternehmerin erst mal wieder zurück auf Los schickte. Aber so ganz stimmt das gar nicht, denn eine Niederlage ist doch auch immer ein Gewinn, findet sie jedenfalls. »Es muss gar nicht viel schiefgehen, und schon steht man mit dem Rücken an der Wand«, erinnert sich die Gründerin einer PR-Agentur an die Umstände, die sie mit 23 Jahren in eine private Insolvenz getrieben haben. Aus heutiger Sicht hätte sie damals einiges anders gemacht, aber auch wenn die Folgen sieben Jahre, wie es das Gesetz vorsieht, währten, bedauert sie nichts. »Ich hätte um Hilfe bitten sollen, aber ich dachte, da muss ich allein durch«, erzählt sie und findet, dass diese Kultur des »Nicht-versagen-Dürfens« dringend abgeschafft gehört.

Noch während ihrer Studienzeit hat die gebürtige Triererin Praktika in Agenturen und Unternehmen absolviert und sich ein Bild von der Arbeit als Public-Relations-Manager gemacht. Und ihr war klar: Genau das waren die Aufgaben, die sie reizten und wo sie ihre kommunikativen, kreativen und organisatorischen Fähigkeiten gewinnbringend einsetzen konnte. Das BWL-Studium zunächst sträflich vernachlässigend, gründete die Tochter eines Metallbauers kurzerhand ihre eigene PR-Agentur mit dem Themenschwerpunkt Wohnen. Vom Vater hatte sie sowohl das Interesse an Architektur und Einrichtung sowie auch den Mut zur beruflichen Selbstständigkeit geerbt, einen ersten Businessplan zu erstellen fiel ihr nicht schwer.

»Es muss gar nicht viel schiefgehen, und schon steht man mit dem Rücken an der Wand.«

Trier war allerdings Diaspora für die Medienwelt, in der sie ihre ersten Gehversuche als Botschafterin ihrer hierzulande kaum bekannten ersten skandinavischen Kunden bewegte. Die Musik spielte an den deutschen Verlagsstandorten in Hamburg, München und damals neuerdings auch in Berlin. Letzteres schien auch Tanja Demmerath ein guter Ort zum Umsiedeln, waren die Mieten

↖ Zu Hause im Homeoffice. Pflanzen und helle Farben kreieren die gemütliche Arbeitswelt
←← Die Figur stammt aus der Kollektion von Kähler – einer der vielen skandinavischen Klienten der PR-Agentur
← Mit geschickter Hand entstehen dekorative Stillleben

dort noch vergleichsweise gering und die Aufbruchsstimmung etablierter Verlagshäuser für die boomende Hauptstadt motivierend. Um ihren Mitarbeitern und einem Azubi jedoch nicht die Wirkungsstätte zu nehmen, beließ die Chefin den Trierer Standort und machte sich allein auf den Weg. Vielleicht ein bisschen viel für die Schultern eines Newcomers.

»Glücklicherweise haben meine Partner und mein Umfeld trotzdem immer an mich geglaubt.«

Als dann noch ein großer Kunde unvermittelt absprang, war die Zahlungsunfähigkeit unvermeidbar. »Glücklicherweise haben meine Partner und mein Umfeld trotzdem immer an mich geglaubt, und auch ich selbst habe nicht gezweifelt, dass mein Weg der richtige ist«, ist Tanja Demmerath rückblickend froh über die Zuversicht, die ihr das Weitermachen erleichtert hat. Nicht viel später lernte sie ihren zukünftigen Lebensgefährten und Vater ihrer beiden Kinder kennen. Gemeinsam gründen der Fachmann im Möbelvertrieb und die PR-Expertin nicht nur eine Familie, sondern stellen auch die Firma auf breitere Beine. Mit ihrem Conceptroom vereinen die beiden Shop, Showroom und Agentur.

↖ Stilvolle Kaffeepause. Die AirPods ablegen und für einen Moment unerreichbar sein
← Immer und überall einsatzbereit
→ Der Konferenzraum der Agentur: Der ochsenblutrote Wandanstrich erhöht Energiefluss und Kreativität

ERFAHRUNG FÜR NEUSTARTS ·

TANJA DEMMERATH | FOUNDER & CEO EINER PR-AGENTUR

↑ Gemütliche Bistro-Atmosphäre. Tanja Demmerath mixt geschickt Tradition und Moderne
→ Neuzugang im Hause Demmerath: Toto sorgt neuerdings für die Work-Life-Balance

Es folgen zehn anstrengende Jahre des Aufbaus, die die junge Mutter dank ihres engagierten Teams gut bewältigt bekam. Als allerdings kurz vor ihrem vierzigsten Geburtstag das Unternehmenskonstrukt ins Wanken geriet und auch ihre private Beziehung bröckelte, holte sie zum Befreiungsschlag aus. »Es kam mir vor, als müsste ich alles niederbrennen, um dann weiterzulaufen und steiler zu gehen«, beschreibt sie ihren persönlichen Phönix-Moment. Ihr Geschäft, die Agentur, lief gut, ihre Kunden blieben ihr treu, und so hatte sie nach wie vor eine solide Basis, auf der sich aufzubauen lohnte. »Ich wollte nie etwas anderes machen, und daran hat sich auch in solchen Momenten nichts geändert«, erklärt sie die Kraft, die sie immer weitermachen ließ. Ruhiger lässt sie es seitdem vielleicht nicht angehen, aber sie vertraut in allen Fragen viel mehr ihrem Bauch. Ihr Arbeitstag beginnt jeden Morgen mit einer Runde Kaffee für die Mitarbeiter.

»Es kam mir vor, als müsste ich alles niederbrennen, um dann weiterzulaufen und steiler zu gehen«

»Die erste Tasse des Tages serviere immer ich«, erklärt sie ihr Verständnis von Dienstleistung. »Ich will, dass zum Feierabend jeder aus der Tür geht und sagen kann: Das war ein guter Tag!«, lautet eines ihrer Ziele. Und auch wenn alle immer gern ins Büro kommen, auf dem gemütlichen Sofa in Zeitschriften blättern – »Das gehört schließlich auch zu unserer Arbeit«, bekräftigt die Chefin – sind Homeoffice-Tage für Tanja Demmerath eine sinnvolle Ergänzung für mehr Flexibilität ihrer Mitarbeiter und sie selbst. An diesen Tagen findet sie dann auch Zeit, neue Pläne zu schmieden. »Eine Dependance in Paris, das wäre es.« Genügend Erfahrung für Neustarts hat sie ja!

TANJA DEMMERATH, FOUNDER & CEO EINER PR-AGENTUR

↖ *Die elegant skandina-vische Note hat selbst-verständlich auch privat Einzug gehalten*
↑ *Die Ordnung auf ihrem Schreibtisch setzt Maß-stäbe*

TANJA DEMMERATH
Wichtige Tipps

1

Eines hat Tanja Demmerath in ihrem Berufsleben gelernt: Um Hilfe und Unterstützung zu bitten, ist kein Zeichen von Schwäche. Im Gegenteil. »Die meisten Menschen sind sogar extrem hilfsbereit und entgegenkommend, man muss nur fragen«, so ihr positives Fazit, das sie im Übrigen auch schon ihren Kindern mit auf den Weg gibt.

2

GUTE ERGONOMISCHE STÜHLE

sind für Tanja Demmerath eines der Geheimnisse für ermüdungsfreie Schreibtischarbeit. In die hat die Unternehmerin aus Überzeugung investiert. Und den Mitarbeitern sind ihre Schreibtischstühle so lieb, dass sie sie in den stetigen Homeoffice-Zeiten während der Pandemie mit nach Hause genommen haben.

3

NETZWERKE SCHAFFEN

Von Anfang an ein gutes Beraterteam aufbauen, lautet Tanja Demmeraths Ratschlag. Ein Steuerberater, der Branchenkenntnis besitzt, und auch ein verständnisvoller Vermieter sind wichtige Personen, auf die man bauen kann. Zudem sollte man für Verträge und Vereinbarungen einen kompetenten Anwalt hinzuziehen.

4

EIN HUND

ist Tanja Demmeraths Motivationsgeber für regelmäßige Pausen am Tag und Ausflüge in die Natur. Cockerspaniel-Rüde Toto fordert regelmäßige Gassi-Touren ein und zwingt damit die immer Vielbeschäftigte zum Innehalten. Win-win.

Keinen Tag ohne ein Lachen zu verbringen ist für Tanja Demmerath Gesetz. Nichts ist im Berufsleben so schlimm, dass es nicht auch seine guten Seiten hat (man sieht sie nur nicht sofort).

TANJA DEMMERATH | FOUNDER & CEO EINER PR-AGENTUR

Power impliziert für Tanja Demmerath positive Energie, das Bestmögliche zu erreichen und aus einer Situation herauszuholen.

FOTOS BRITA SÖNNICHSEN

Life's a journey

Das Hobby zum Beruf zu machen. Wer träumt nicht davon?

Dass der Schritt kein Zuckerschlecken ist und es neben

Mut und Risikofreude auch eine große Portion Beharrlichkeit

bei widrigen Umständen benötigt, das erlebt

Kerstin Bognar gerade hautnah.

Die gelernte Journalistin hat sich ihren Traum von Selbstständigkeit mit einem exklusiven Reiseportal für Familien erfüllt. Keine leichte Kiste in Zeiten, wo Urlaubsplanungen zum Vabanquespiel werden

I

n jeder Krise steckt auch eine Chance. Die geborene Optimistin gibt sich zuversichtlich. Schließlich hat Kerstin Bognar selbst schon so viele Veränderungen erlebt und Planänderungen des Lebens verkraften müssen, dass sie die momentane Pandemie nicht nennenswert aus der Bahn wirft. Im Jahr 2018 brachte die heute 43-Jährige ihr Start-up auf den Weg. Mit The Niche Traveller will sie Familien zu einem maßgeschneiderten Urlaub jenseits von Bettenburgen mit standardisiertem Animationsprogramm, aber auch allzu distinguierten (und wenig kinderfreundlichen) Luxusherbergen verhelfen. »Die Idee ist aus eigenen Erfahrungen geboren. Ich bin immer gern abseits von üblichen Trampelpfaden gereist. Aber mit vier Kindern in unterschiedlichem Alter ist das eine echte Herausforderung«, berichtet die Patchworkmutter, die mit ihrem Mann, seinem Sohn aus erster Ehe, dem gemeinsamen Sohn sowie Zwillingen aus ihrer früheren Beziehung zusammenlebt und eben auch gemeinsam

Ferien verbringen möchte. Die weltweite Pandemie hat die Tourismusbranche unerwartet ausgebremst, und für einen Newcomer wie Kerstin Bognar waren die Startbedingungen mindestens eine Herausforderung.

»Ich bin immer gern abseits von üblichen Trampelpfaden gereist. Aber mit vier Kindern in unterschiedlichem Alter ist das eine echte Herausforderung«

Aber die Umstände haben auch positive Seiten hervorgebracht. Denn der Blick auf das Reisen hat sich nachhaltig verändert, ist sie sich sicher. Und mit ihrem »Club«, für deren Mitgliedschaft die Klienten einen Jahresbeitrag zahlen, um Zugang zum Angebot und in den Genuss einer Eins-zu-eins-Betreuung zu erhalten, trifft sie einen Nerv. Das Portfolio besteht aus Destinationen vornehmlich in Europa, die zum einen ohne Langstreckenflug auch mit Auto oder Bahn erreichbar sind und zum anderen einen individuellen Luxus bieten, der weniger mit dem herkömmlichen Pomp von Fünfsternehäusern als vielmehr mit persönlich auf die jeweiligen Bedürfnisse zugeschnittenem Service punktet.

↖ Der Erker der Hamburger Stadtwohnung bietet die perfekte Location fürs Homeoffice
↞ Kaffee in Barista-Qualität hebt das Energielevel
← Persönliche Reisesouvenirs dienen als Handschmeichler und Augenweide

Die nötige Erfahrung, wie man ein neues Angebot im Digitalbereich bekannt macht und das dahintersteckende Konzept kommuniziert, konnte Kerstin Bognar in ihrem ersten Berufsleben sammeln. Nach einem Modejournalismus-Studium lernte die gebürtige Gießenerin ihr Handwerk an der Henri-Nannen-Schule in Hamburg.

»Nicht berufstätig zu sein war für mich noch nie Option, aber etwas Eigenes, hier vor Ort auf die Beine zu stellen hat mich gereizt.«

Journalismus war schon ihr Traumberuf seit Kindertagen, und der erfüllte sich in einer Aneinanderreihung von Karriereschritten bei renommierten Zeitschriften wie Neon, Elle, Brigitte, Grazia und Flair. Quasi nebenbei bekam sie ihre Zwillinge, zog vom Redaktionsstandort München zurück nach Hamburg, erlebte die Trennung vom Vater der Kinder und wuppte dank der Unterstützung ihrer Mutter Haushalt und Fulltime-Job, Privat- und Berufsleben. »Eine neue Festanstellung weit weg in Berlin hat den Ausschlag gegeben, noch mal über die beruflichen Perspektiven nachzudenken. Nicht berufstätig zu sein war für mich noch nie Option, aber etwas Eigenes, hier vor Ort auf die Beine zu stellen hat mich gereizt. Mein Mann hat mich darin bestärkt und unterstützt, das Wagnis einzugehen«, ist Kerstin Bognar dankbar für die Chance, ihr

↖ *Gut gegen Fernweh: die Muschelsammlung auf der Fensterbank*
← *Mit dem großen Sofa stehen alle Zeichen auf Kommunikation und Geselligkeit*

↖ *Das klassische Interieur erhält durch das bunte Bouquet eine exotische Note*
↑ *Kerstin Bognar liebt jede Art von Perspektivenwechsel*
← *Pflichtlektüre einer Reiseexpertin*

↑ *Typisch für den Stil der Wohnung: Den historischen Kamin flankiert ein Surfbrett mit nostalgischem Pin-up-Motiv*
→ *Ruhezone in harmonischer Farbigkeit, die sonnig-gute Laune versprüht*

eigenes Büro, unweit von zu Hause, mit einem Stamm von inzwischen vier ständigen Mitarbeitern zu gründen. Das Geschäftsmodell bündelt ihre Leidenschaft fürs Reisen, das Entdecken anderer Kulturen und den Spaß am Austausch mit anderen Menschen – ob Mitarbeiter, Kunden oder Partner.

»Das hat den Nebeneffekt, dass meine Familie mich des Öfteren an die schönen Plätze dieser Welt begleiten muss.«

Wer in ihre Nische passt, entscheidet sie ausschließlich nach eigener intensiver Prüfung. »Das hat den nicht unangenehmen Nebeneffekt, dass meine Familie mich des Öfteren an die schönen Plätze dieser Welt begleiten muss«, lacht sie mit Betonung auf »muss«. Denn gerade Kinder sind wichtige Meinungsbildner. »Da ist der Clou am Ende nicht der obligatorische Kids Club der Riesen-Ferienanlage, sondern ein besonderes Fleckchen Natur, das sie gefahrlos selbst erkunden können. Oder das Restaurant mit den besten Süßkartoffel-Pommes ever auf der Karte«, weiß sie aus Muttersicht die Einschätzungen aus Kinderperspektive durchaus zu schätzen. Ihre eigene journalistische Brille, ihr internationales Netzwerk und ihr Entdeckergen sind zudem nützlich, um immer wieder neue Perlen im unübersichtlichen Angebot an Boutique-Hotels, privaten Ferienhäusern oder kleinen, feinen B&Bs zu finden. Um ihr Pensum zu schaffen und ihre Kunden in jeder Situation angemessen zu betreuen, müsste der Tag für Kerstin Bognar manchmal mehr als 24 Stunden haben. Wenn ihr dabei doch mal alles über den Kopf zu wachsen droht, steigt sie einfach aufs Trampolin. An das Gefühl, nach oben katapultiert zu werden, darf sie sich ruhig schon mal gewöhnen.

ZU HAUSE KRAFT SCHÖPFEN.

KERSTIN BOGNAR
Wichtige Tipps

1

Ehrlichkeit, Aufrichtigkeit und den eigenen Anspruch nicht unterbieten, das ist für Kerstin Bognar der Schlüssel für eine lange und erfolgreiche Geschäftsbeziehung. Auf lange Sicht gesehen, wissen das Kunden und Partner zu schätzen, auch wenn es manchmal anstrengende Diskussionen provoziert, so ihre Firmenphilosophie.

2

NUR NICHT ZU TIEF STAPELN.
»Think big«, ist Kerstin Bognars Motto. Eine gesunde Portion Größenwahn schadet nicht, findet sie.

3

Kerstin Bognar beschreibt sich selbst als Schnell-Erholerin. Wenn der Antrieb fehlt oder ihr der Schwung ausgeht, erzwingt sie nichts. Eine kurze Auszeit – »sich mal ausstöpseln«, wie sie es nennt, wenn sie kurz Pause vom Arbeits- und Familienalltag bei einer Runde um die Alster macht – genügt schon, um die Batterien wieder aufzuladen.

4

»DIE AUSNAHME IST BEI UNS DIE REGEL«
– eine Gründungsphase verlangt allen Beteiligten viel ab. Darüber muss sich jeder im Klaren sein, der mit der Gründung eines Start-ups liebäugelt, findet Kerstin Bognar. Damit diese gut gelingt, müssen Abstriche gemacht werden und muss Nachsicht geübt werden – gerade innerhalb der Familie.

Wenn Kerstin Bognar einen Wunsch frei hätte, würde sie sich einen Beamer wie bei „Star Trek" wünschen. Ohne Anreise und Zeitverlust an jedem Ort der Welt sein zu können, das wär's!

Power ist für Kerstin Bognar
der Inbegriff von Energie
und der Kraft, etwas in
Bewegung zu bringen.

KERSTIN BOGNAR | UNTERNEHMERIN

FOTOS BRITA SÖNNICHSEN

INI NEUMANN
KERAMIK-KÜNSTLERIN

Professionelle
Autodidaktin

Als studierte Grafikdesignerin und Illustratorin konnte
Ini Neumann ihre Kreativität mit Aufträgen aus Agenturen
und Verlagen eigentlich ausleben. Aber nach einer
Weile erschien ihr die Arbeit, alleine am Computer,
nicht mehr erfüllend.

*Und was als Hobby mit Kursen in Töp-
ferschulen begann, das sollte bald
zu ihrem Broterwerb werden. Heute
entstehen unter den Händen der
gebürtigen Schwerinerin keramische
Objekte, die unter Kennern längst
Kultstatus erreicht haben*

K

reativen Schaffensdrang verspürte Ini Neumann
schon früh. Mit 18 zog sie aus der Landeshauptstadt Mecklenburg-Vorpommerns nach Hamburg und absolvierte in Regelstudienzeit ihr Studium in Kommunikationsdesign. Die Karriere lief
nach Plan, mit ihren Arbeiten für Werbung und
redaktionelle Inhalte finanzierte sich die Selbstständigkeit, ihre Berliner Repräsentanz vertrat
sie auf dem Markt und sorgt für stetig gute
Auftragslage. Im Grunde hätte alles so für die
inzwischen Vierzigjährige weitergehen können.
»Die Tatsache, dass ich immer allein zu Hause
vor dem Computer saß, hat mich aber zuneh-
mend unzufrieden gemacht. Zudem hatte ich
schon immer eine große Liebe zu allem Hand-
werklichen. Da habe ich das Töpfern für mich
entdeckt«, erzählt Ini Neumann von den Anfän-
gen einer neuen Leidenschaft, die der Auftakt
ihrer zweiten Karriere werden sollte. Aber davon
ahnte sie damals noch nichts. Mehr als sieben
Jahre ist das jetzt her, dass sie sich Zehnerkarten

für Kurse in einem Hamburger Keramikatelier
kaufte, um erste Erfahrungen an der Drehschei-
be zu machen. Allerdings merkte sie schnell,
dass sie sich die nötigen Dinge lieber selbst an-
eignete. YouTube-Filme, Bücher und Instagram
lieferten ihr Anregungen zum Nachmachen.

»Ich hatte schon immer eine große Liebe zu allem Handwerklichen. Da habe ich das Töpfern für mich entdeckt.«

Frei nach dem Motto »Versuch macht klug« pro-
bierte sie sich aus. Als ihr Freund sie mit einer
eigenen Töpferscheibe überraschte, die sie in
seiner Tischlerei aufstellen konnte, nahm die
Idee, noch mal beruflich komplett umzusat-
teln, buchstäblich Fahrt auf. »Ich erstellte weiterhin als Auftragsarbeiten Illustrationen. Das
funktionierte ganz gut und gab mir eine gewisse
finanzielle Sicherheit. Und quasi nebenbei konnte
ich langsam mein Standbein als Keramikerin
festigen«, erinnert sich Ini Neumann an die
Anfangszeit. Und weil die Resonanz der Kunden positiv war und die Nachfrage stieg, holte
sie sich zunächst Hilfe bei einem altgedienten

*ᴋ Über Ini Neumanns
Schreibtisch stapeln
sich die keramischen
Früchte ihres Schaf-
fens
← ← Vom zwei- zum
dreidimensionalen
Objekt führt der Weg
durchs Skizzenbuch
← Die Töpferscheibe
bildet das Zentrum
des Geschehens*

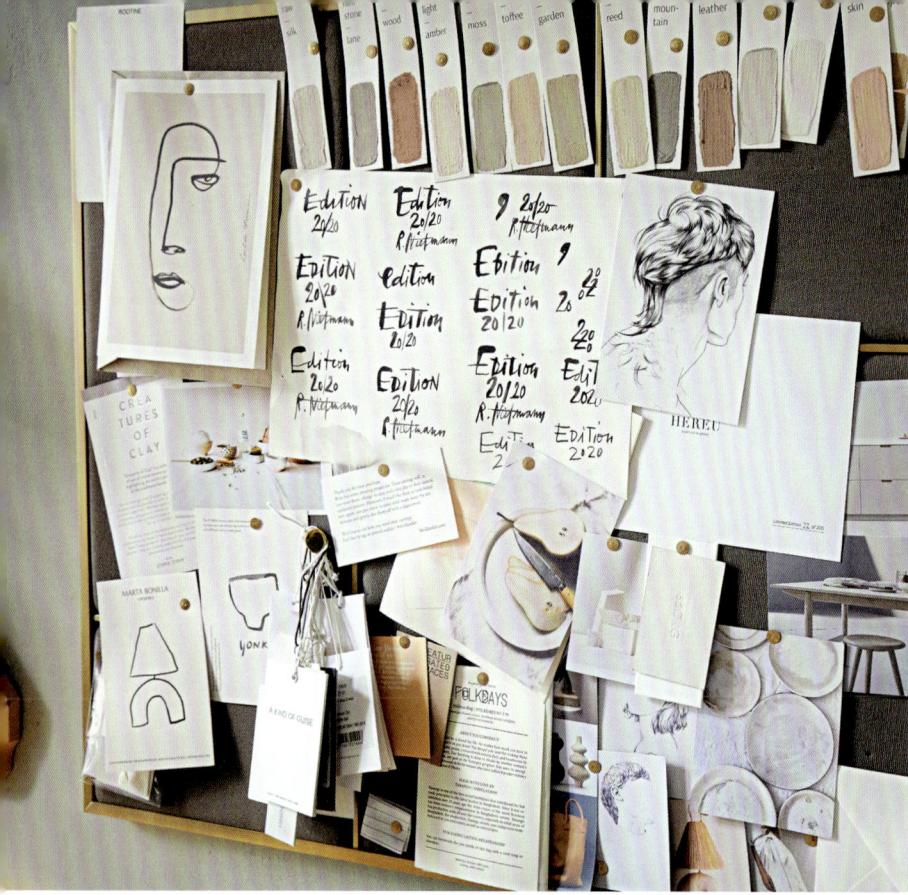

Keramikmeister in Schwerin. Durch ihn steigerte sich nicht nur die Kapazität, er vermittelte ihr auch fundiertes, wertvolles Wissen. Als er sich mit 72 Jahren privaten Projekten widmete, fand Ini Neumann via Google Unterstützung im Wendland. Fine Jahn ist dort ebenfalls Keramikmeisterin. Sie freut sich, dass es eine Generation nach ihr geben wird, die das Handwerk lebendig erhält. Tatsächlich existieren in ganz Deutschland nur noch zwei Berufsschulen und nur wenige Betriebe, die ausbilden. Deshalb ist die 64-Jährige nur zu gern bereit, all ihr Wissen an ihre junge Auftraggeberin weiterzugeben. Sie will Ini sogar dazu überreden, ihre Gesellenprüfung vor der Handwerkskammer abzulegen. Das ist nämlich auch ohne Ausbildung möglich, wenn man mindestens fünf Jahre Berufstätigkeit nachweisen kann. »Mir wäre so eine Bescheinigung nicht wichtig, es hätte keinen Einfluss auf mein Tun und mein Geschäft.

»Wir lassen es hier langsam angehen, uns treibt ja nichts. Aber es ist großartig, einen Fluchtort zu haben.«

Ich müsste halt noch mal Theorie büffeln, schätze ich«, sagt sie und klingt eher zweifelnd als überzeugt, die Zeit zu investieren. Denn inzwischen ist Ini Neumann nicht nur erfolgreiche Keramikerin und gemeinsam mit ihrem Lebenspartner Shop-Inhaberin von We are Studio Studio, son-

↖ An der Pinnwand sammeln sich Ideen, Inspirationen und Merkhilfen
← Zu Hause auf dem Sofa sitzen kann auch arbeiten sein. Aber eben gemütlich
→ Bei Neumanns herrschen klare Verhältnisse beim Einrichtungskonzept

INI NEUMANN | KERAMIK-KÜNSTLERIN

ÄSTHETIK VOR FUNKTIONALITÄT

↑ Mit einem Auge für
Farben und Proportionen
erhält das Elternschlaf-
zimmer atmosphärische
Stimmung
→ Dauerhaftes Provi-
sorium aus an die Wand
gelehnten Bilderrahmen

dern auch Mutter eines kleinen Sohns sowie
stolze Hausherrin einer ehemaligen Schule in
einem 200-Seelen-Dorf an der Ostsee, 90 Au-
tominuten von Hamburg entfernt. Die jungen
Eltern haben das alte Gebäude gekauft und
nutzen die Wochenenden für die Renovierungs-
arbeiten. »Wir lassen es hier langsam angehen,
uns treibt ja nichts. Aber es ist großartig, einen Fluchtort zu haben. Momentan ist es eher
zum Auspannen gedacht, wir haben uns einen
Strandkorb am nahen Strand gemietet. Aber
ich kann mir vorstellen, hier auch zu arbeiten«,
gesteht Ini Neumann. Mit ihrem Hamburger
Arbeitsplatz inmitten der Schreinerei ist sie allerdings nach wie vor ausgesprochen glücklich.

»Der Keramik merkt man an, wenn ich unkonzentriert war. Dann läuft's einfach nicht rund und wird nichts.«

Besonders liebt sie die Nachmittage, wenn ab
vier Uhr die Schreinerei Feierabend macht und
Ruhe einkehrt. »Der Keramik merkt man an,
wenn ich unkonzentriert war. Dann läuft's einfach nicht rund und wird nichts. Aber ich setze
mich nicht unter Druck, ich habe keinen Zwang.
Bevor es ein Krampf wird, verschiebe ich lieber
Deadlines. Das Ergebnis muss gut werden, allein
darum geht's«, sagt der kompromisslose Schöngeist, dem im Zweifelsfall bei allen Dingen, die
sie umgeben, Ästhetik vor reiner Funktionalität
geht. Ihre Keramik hat längst einen gewissen
Kultstatus erreicht, und Stammkunden warten
nicht selten Wochen auf die Becher, Schalen
oder eine Vase, die ihre Sammlung vervollstän-
digen sollen. So viel Wertschätzung macht Ini
Neumann stolz. Das gibt ihr und ihrer Töpferscheibe täglich neuen Antrieb.

INI NEUMANN | KERAMIK-KÜNSTLERIN

↖ *Das Küchenregal
beherbergt Unikate aus
eigener Produktion für den
täglichen Gebrauch*
↑ *Offene Regale zwingen
zur Ordnung. Selbst Ar-
beitsmaterialien werden zu
Deko-Objekten umfunkti-
oniert*

INI NEUMANN
Wichtige Tipps

1

Ini Neumann arbeitet gern allein, freut sich aber über Verstärkung ihres Teams und wünscht sich für die Zukunft sogar noch mehr feste und freie Mitarbeiter. Die Führungsrolle zu übernehmen, Entscheidungen zu treffen und Verantwortung zu tragen, das fällt ihr nicht schwer. Diese Eigenschaften sieht sie positiv und essenziell für eine erfolgreiche Selbstständigkeit.

2

GELD AN SICH IST KEIN ANTRIEB und bietet keine Sicherheit. Darüber sollte sich jeder im Klaren sein, findet Ini Neumann. Glück zählt in ihren Augen viel mehr als ein gefülltes Bankkonto. Sicherheiten sind oft trügerisch, aber wenn man sich einer Sache mit dem Herzen verschreibt, passieren magische Dinge, ist sie sich sicher.

3

Um sich selbst treu zu bleiben, muss man den Mut haben, auch mal Nein zu sagen. Wenn Menschen oder Aufgaben mehr Energie von ihr ziehen, als ihr geben, dann ist es höchste Zeit, die Situation zu beenden. Das Gefühl von Befreiung ist der manchmal waghalsige Schritt allemal wert.

4

KREATIVE ARBEIT macht verletzlich, weil man immer auch etwas Intimes von sich preisgibt. Das größte Potenzial steckt für Ini Neumann in den eigenen Schattenseiten, die man instinktiv lieber vor anderen verbirgt. Sich den eigenen Ängsten zu stellen setzt ungeahnte Energien frei, so ihr Credo.

Langeweile ist die Quelle für Kreativität und schärft die Sinne. Das gilt nicht nur für Kinder, sondern auch für Erwachsene. Ihren zwei-einhalbjährigen Sohn ermuntert sie dazu, auch mal Löcher in die Luft zu starren, und vermeidet, seinen Tag mit Aktivitäten durchzutakten.

Der Begriff »Power« sagt für
Ini Neumann aus, in der eigenen
Mitte angekommen zu sein.
Vor ihrem inneren Auge sieht sie
eine Blume, die gerade aufblüht
und in Saft und Kraft steht.

FOTOS ANDRÉ KIRSCH

STE
PHA
NIE
KOH
NEN.

STEPHANIE KAHNAU
TEXTILDESIGNERIN

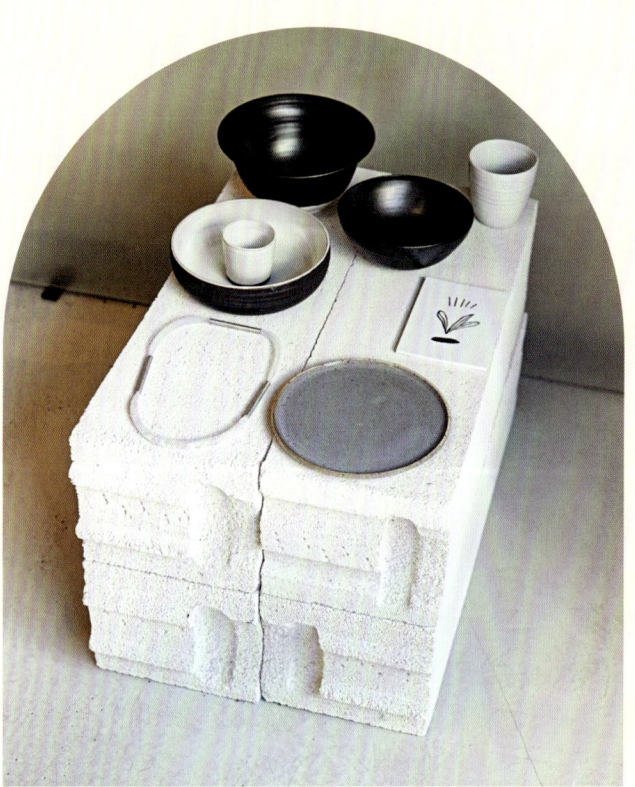

Auf schnurgeradem Erfolgskurs

Das Gespür für hochwertige Textilien scheint ihr in die Wiege gelegt worden zu sein. Denn schon die Mutter von Stephanie Kahnau war Modedesignerin, und ihr Großvater hatte eine Bandweberei und Etikettendruckerei.

In ihrem Münchner Concept Store HIER kann man dazu der Entstehung ihrer individuellen Kreationen beiwohnen. Vom Entwurf über den Zuschnitt und Druck bis zur letzten Naht passiert in der integrierten Werkstatt alles vor den Augen ihrer Kundinnen

E s war kein fester Plan, direkt nach dem Ende des Studiums nahtlos in die Selbstständigkeit zu gehen. Vielmehr hat Stephanie Kahnau die mehr oder weniger sogar für sich ausgeschlossen. Geschäftsfrau zu sein hätte sie sich schließlich gar nicht zugetraut, wie sie rückblickend zugibt. Aber mit dem Diplom der Kunstakademie Stuttgart in der Tasche bewarb sich die frischgebackene Textildesignerin dann doch eher halbherzig auf die ausgeschriebenen Stellen. Und so war sie eher erleichtert als enttäuscht über eintrudelnde Absagen. Viel lieber widmete sich das kreative Allroundtalent schließlich den Ideen und Entwürfen für eine erste eigene Kollektion von Taschen und Schmuck, die in einem Stuttgarter Laden vertrieben wurden – und für die die gebürtige Ludwigsburgerin in Stuttgart auf der Messe sogar mit dem Newcomer-Preis ausgezeichnet wurde. Etwa zeitgleich entschied sich ihr Freund und Kommilitone für ein Kunststudium in München. Der perfekte

Zeitpunkt, die Zelte in der baden-württembergischen Heimat abzubrechen, befand Stephanie Kahnau und richtete sich in der ersten kleinen Münchner Wohnung ein zehn Quadratmeter großes Atelier ein. Für die Umsetzung ihrer Siebdrucke durfte sie weiterhin die Werkstatt der Stuttgarter Akademie nutzen. Eine weitere glückliche Fügung, die sie darin bestärkte, dass sie sich auf dem richtigen Weg befand und »ihr Ding durchziehen sollte«. Schon bald wurde der Heimarbeitsplatz für all die Materialien, Projekte und Aufträge zu klein, und bei der Suche nach Expansionsfläche stieß die umtriebige Jungunternehmerin nach einigen Zwischenstationen

»Ich war sehr froh, dass die Räume so roh, ursprünglich und ungestylt waren. Mein Freund und ich haben sie nach unseren Vorstellungen instand gesetzt.«

auf eine renovierungsbedürftige Gewerbefläche im Münchner Stadtteil Haidhausen, eine perfekte halbe Fahrradstunde von zu Hause entfernt. »Ich war sehr froh, dass die Räume so roh, ursprünglich und ungestylt waren. Mein

↖ Design und Umsetzung des Concept Stores stammen von Stephanie Kahnau persönlich
←← Im Notizbuch sammelt die Designerin wie auf einer Pinnwand Muster für Farbe und Strukturen
← Auf den (Holz-)Leib geschneidert

↑ *So ein Siebdruckrahmen kann auch glatt als Schaustück dienen*
→ *Stillleben aus Schmuckstücken. Anfassen ausdrücklich erlaubt*

Freund und ich haben sie komplett in Eigenregie und mit Low Budget nach unseren Vorstellungen instand gesetzt. Uns hat es total Spaß gemacht, Dinge aus dem Baumarkt wie Rohre für Kleiderstangen umzufunktionieren. Wir haben alle Tische und Hängesysteme selbst kreiert und gebaut. Und die Kunden lieben es so. Ich werde oft auf die Möbel angesprochen, und wir bieten sie inzwischen auch zum Kauf an«, freut sich Stephanie Kahnau über den erfolgreichen Ausbau in doppeltem Sinne. Mehr als vier Jahre ist der Umzug jetzt her, und neben der eigenen Werkstatt und ihrem Verkaufsraum teilt sie sich die Räumlichkeiten mit ihren Untermieterinnen, einer Studienkollegin aus dem Textildesign sowie zwei Optikerinnen, die mit ihrem Angebot nachhaltig produzierter Brillen eine Alternative zu konventionellen Sortimenten bieten.

»Eigentlich bin ich eher eine Einzelkämpferin. Ich habe ja von Beginn an alles allein gemacht und weiß, was ich kann.«

Dank dem besonderen Geschäftskonzept erhalten Kunden tiefe Einblicke in die Entstehung jedes Stücks, das später auf Bügeln hängt oder im Regal präsentiert wird. »Jeder, der zu den Optikerinnen will, kommt zwangsläufig durch mein Atelier und sieht mich vielleicht an der Nähmaschine sitzen. Und wenn er dort nach einem langen Beratungsgespräch zurückkommt, sitze ich vermutlich immer noch da. So bekommt man, glaube ich, einen guten Eindruck davon, wie viel Zeit ein Kleidungsstück in Anspruch nimmt. Und damit steigt auch die Wertschätzung und das Verständnis für die Preise, die natürlich höher sind als dort, wo alles tausendfach produziert wird«, berichtet Stephanie Kahnau über ihre Erfahrungen und die anregenden Gespräche mit Besuchern ihres Concept Stores. Genau das

STEPHANIE KAHNAU | TEXTILDESIGNERIN

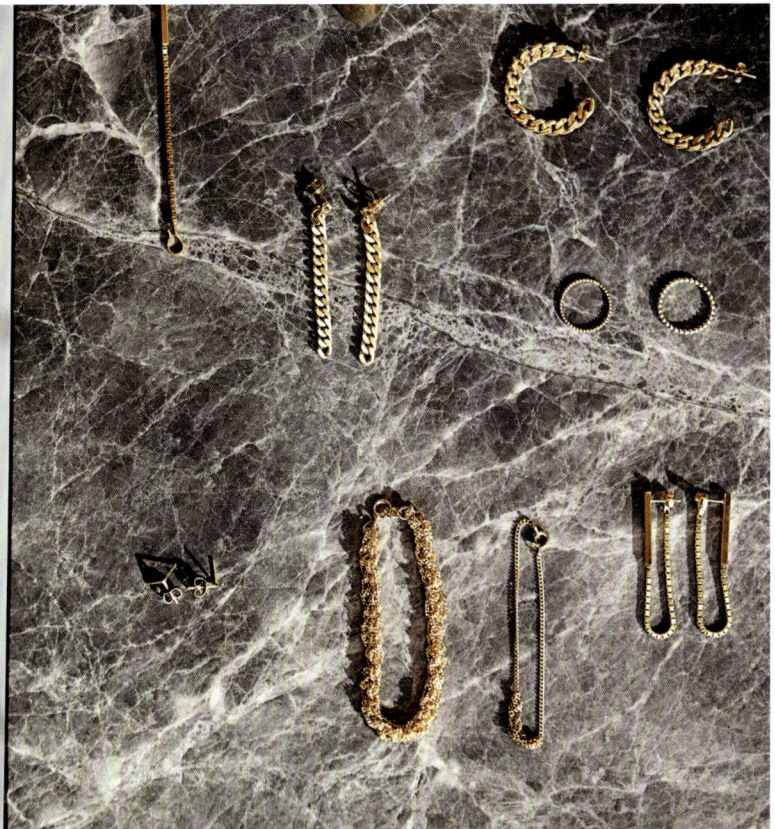

↖ Zimmer mit Aussicht.
Kunden, die in den Shop
kommen, erhalten dazu
auch Einblicke bei der Entstehung ihrer Kollektion
↑ Ästhetik und Funkti-
onalität finden förmlich
in jeder Ecke vollendet
zusammen

liebt sie auch so sehr an der Konstellation in ihrem Laden. »Eigentlich bin ich eher eine Einzelkämpferin. Ich habe ja von Beginn an alles allein
gemacht und weiß, was ich kann. Ich glaube, ich
würde mich heute nur schwer im Team unterord-
nen können. Trotzdem genieße ich es sehr, Menschen um mich herum zu haben. Und hier habe
ich mir einen Ort geschaffen, an dem der Austausch mit anderen jederzeit möglich ist«, ist die
Selfmade-Frau stolz auf ihr gelungenes Konzept.
Feste Arbeitszeiten kennt sie nicht, die Grenzen
zwischen Arbeit und leidenschaftlichen Tüftelei-
en beim Siebdrucken verschwimmen nur allzu
oft. So ist sie nach Feierabend und an Wochenenden nicht selten auch in der Werkstatt anzutreffen. Samstags ist ohnehin ein Geschäftstag

»Hier habe ich mir einen Ort ge-schaffen, an dem der Austausch mit anderen jederzeit möglich ist«

im Einzelhandel. Deshalb ist ihr Laden montags
geschlossen. Den Wochenanfang nutzt sie, um
private Dinge zu erledigen oder ihrer neuen
Leidenschaft, nicht funktionsgebundene textile
Objekte zu schaffen, nachzukommen. Wohin die
Experimente sie führen, weiß Stephanie Kahnau
nicht, und es ist ihr auch nicht wichtig. Denn die
Erfahrung hat sie gelehrt: Feste Pläne sind gar
nicht nötig, um an sein Ziel zu gelangen.

↖ ← Die reinste Frauen-
power! Oben: Das Brillen-
atelier Jules & Mel und Stu-
dienkollegin Eva Schlechte
ergänzen Stephanie Kahn-
aus Konzept perfekt
→ Stephanie Kahnau, Eva
Schlechte, Melanie Kar-
sunke, Julia Kirchmayer im
gewohnten Gleichschritt

STEPHANIE KAHNAU | TEXTILDESIGNERIN

STEPHANIE KAHNAU
Wichtige Tipps

1

ZU VIEL BALLAST BESCHWERT.
Stephanie Kahnau folgt dem festen Prinzip, für alles, was sie neu anschafft, ein anderes Stück ihres Bestands wegzugeben. Ihr ist es wichtig, nicht zu viel Besitz anzuhäufen, und sie rät zu bewusstem Konsum. Diese Philosophie ist auch Kern ihrer Geschäftsidee. Nachhaltiges zu schaffen, jenseits von schnelllebigen Trends: Dinge, die mit Patina altern und nicht so schnell aus der Mode kommen.

2

Gerade am Anfang der Karriere hilft es, sich breit aufzustellen. In Stephanie Kahnaus Fall sind das nach wie vor Nebenjobs als Museumsführerin zum Thema Textil oder als Dozentin zu arbeiten. Wichtig findet sie, dass diese Nebentätigkeiten im eigentlichen Berufsfeld liegen und einen auch inhaltlich weiterbringen. »Das bereichert die Vita, und man lernt, flexibel zu bleiben, wenn mal ein Plan B hermuss«, findet sie.

3

Fehler sind keine Fehler. Denn jede Erfahrung bringt einen weiter. Wenn eine Aufgabe einen nicht erfüllt und nicht glücklich macht, dann sollte man die Situation auflösen. Risikobereitschaft schlägt Durchhaltevermögen.

4

EIN BUSINESSPLAN STEHT AM ANFANG
fast jeder Selbstständigkeit. Stephanie Kahnau hat Glück gehabt, ihre Eltern haben sie von Anfang an unterstützt – auch finanziell. Das wollte sie aber nur bedingt annehmen. Bei Recherchen ist sie auf viele Fördermöglichkeiten gestoßen. Die zu bekommen kostet Zeit – aber es lohnt sich.

Stephanie Kahnau freut sich an den kleinen naheliegenden Dingen. Sich immer vor Augen zu führen, was man schon geschafft hat, liefert ihr Kraft an Tagen, wo die Energie nur spärlich fließt. Bei einem echten Hänger sorgt sie für Tapetenwechsel.

Power ist für Stephanie Kahnau
ein Synonym für »machen«,
Träume wahr werden zu lassen
und alles dafür zu geben.

STEPHANIE KAHNAU | TEXTILDESIGNERIN

Ein klarer Fall von Einflussnahme

Sue Giers ist Influencerin. Und das im besten Sinne des Wortes. Die Modeunternehmerin hat nach Stationen als Journalistin, PR-Beraterin und Chefeinkäuferin ihre Stärken gebündelt, um Antworten auf wichtige stilistische wie gesellschaftsrelevante Fragen zu geben.

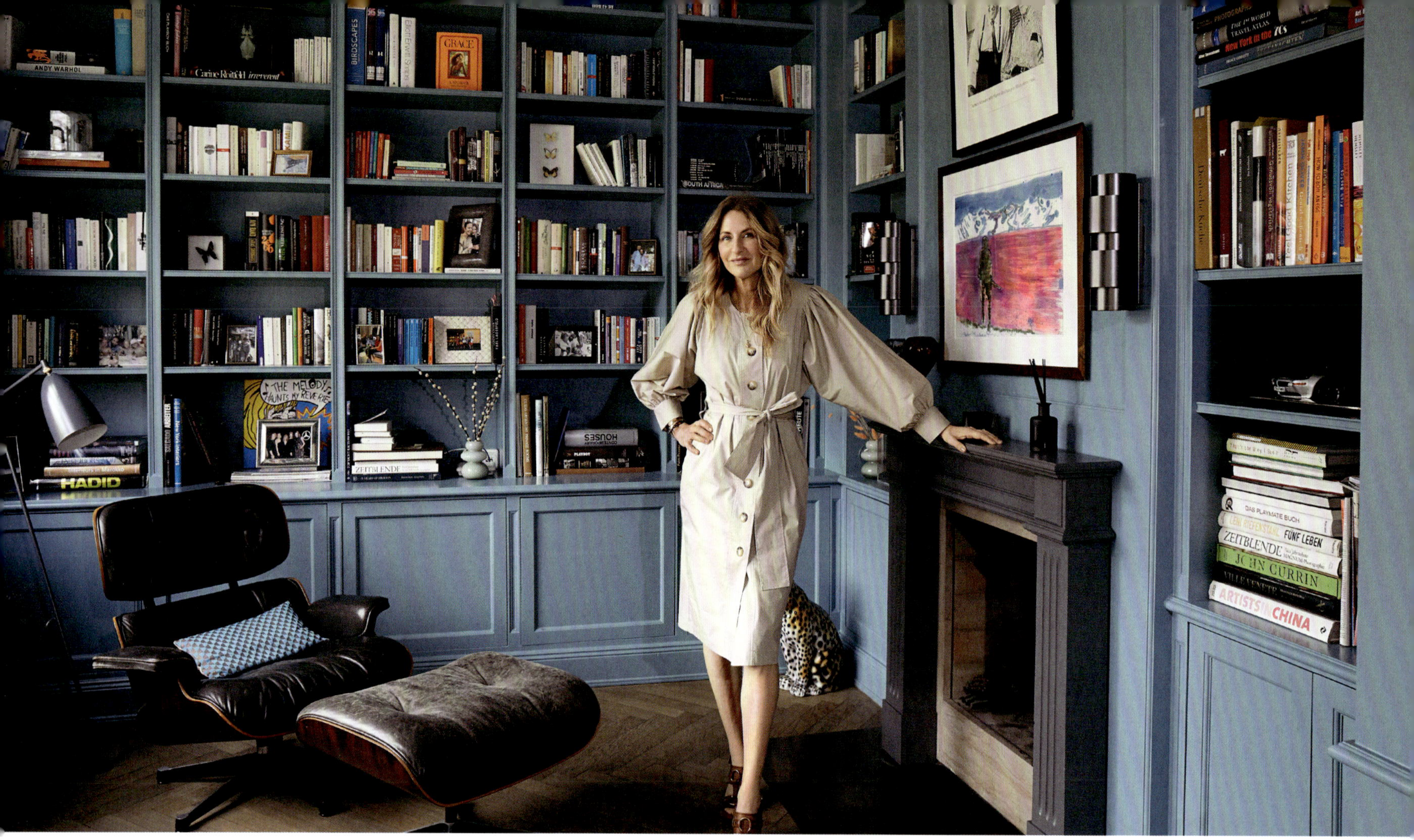
ANDY WARHOL
GRACE
HADID
HOUSES
ZEITBLENDE
FÜNF LEBEN
JOHN CURRIN
ARTISTS IN CHINA

AUTUMN&WI

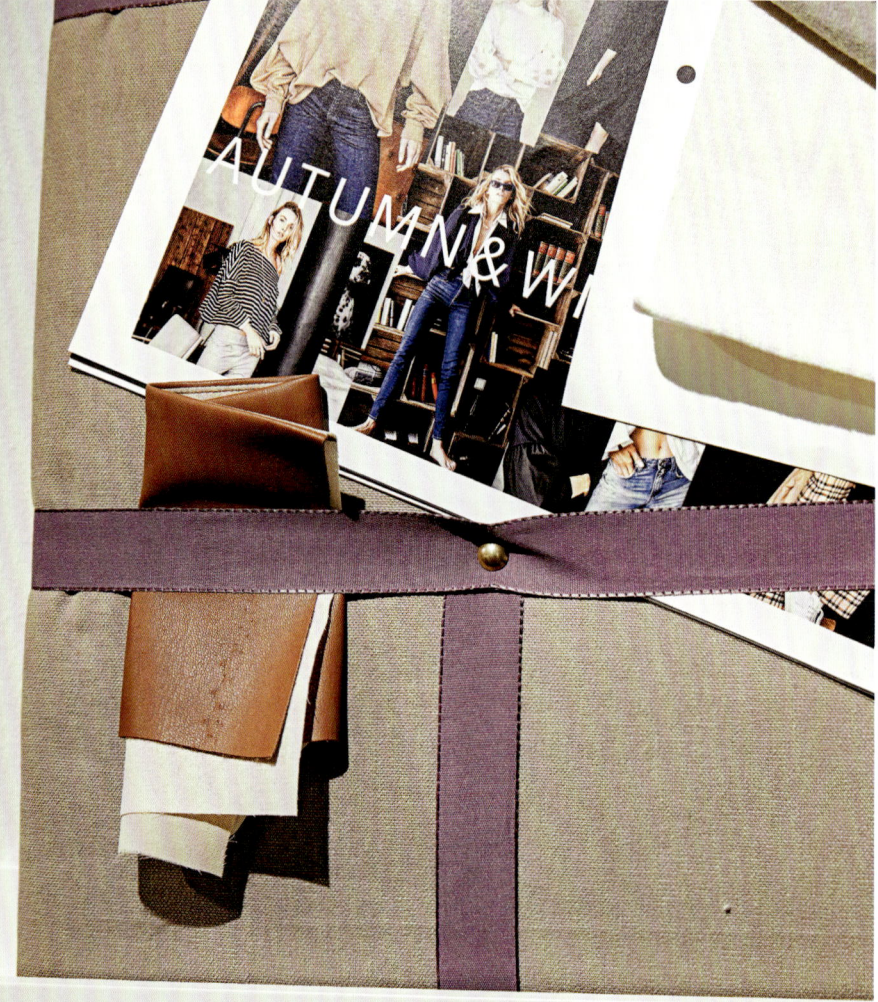

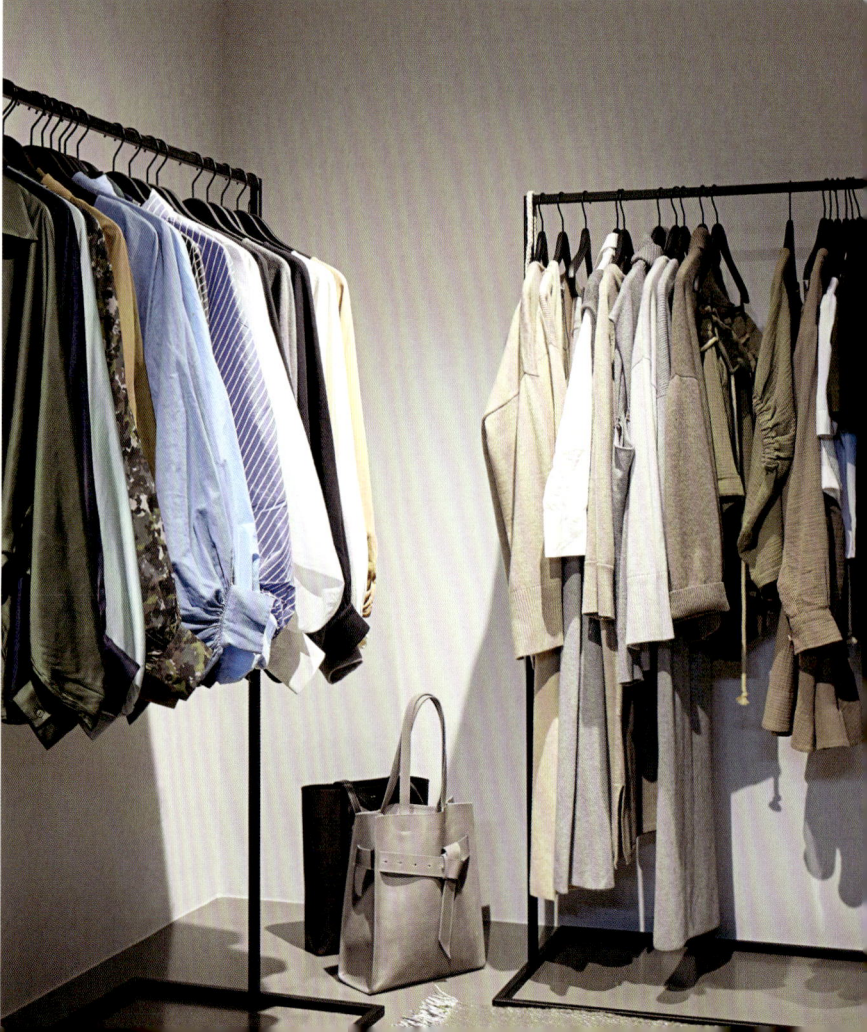

Denn was in der Modewelt zeitgemäß ist, was eine Geschichte erzählt und über kurzfristige Trends hinaus Bestand hat, stellt sie einer stetig wachsenden Fangemeinde auf ihrer Webseite so-sue.com vor

G

ar nicht selten sind es die Tiefschläge im Leben, die, mit Abstand betrachtet, die größten und entscheidenden Änderungen hervorgerufen haben. Nicht, dass Sue Giers dringend um einen solchen Kurswechsel gebeten hätte. Als Ehefrau des Mitgeschäftsführers der Modemarke Closed und deren PR-Chefin sowie Mutter von drei Kindern führte Sue ein sorgenfreies Leben, an dem es aus ihrer Sicht wenig auszusetzen gab. »Im Grunde spürte ich schon eine ganze Weile, dass unsere Ehe nicht mehr funktionierte. Ich wollte es vermutlich nicht wahrhaben. Als es zur Aussprache kam, bin ich erst mal komplett ins Leere gelaufen«, beschreibt Sue Giers die schmerzhafte Phase ihrer Trennung. Plötzlich änderte sich ihr Leben von jetzt auf gleich. Nicht nur privat, als Alleinerziehende musste der Alltag völlig neu organisiert werden, auch die Frage, wie sie künftig ihren Lebensunterhalt verdienen wollte, stand zur Disposition. Geholfen haben ihr zum einen ihre fundierte Ausbildung

mit Studien an den Universitäten in Hamburg und New York, zum anderen ihre erste Karriere in den Neunzigerjahren bei dem Privatsender Premiere sowie dem lokalen TV-Sender Hamburg Eins und Max TV für Pro7. Die Arbeit für und mit Medien war ihr vertraut, und so startete die damals 47-Jährige in einem jungen Medium enthusiastisch und ohne Scheuklappen durch. »Ich habe gar nicht strategisch gedacht und meinen Blog zunächst eher aus Idealismus und als Form von Therapie betrieben. Aber andere haben an mich geglaubt und mich bestärkt.

»Ich habe gar nicht strategisch gedacht und meinen Blog zunächst eher aus Idealismus und als Form von Therapie betrieben.«

Und meine Schwester, die damals in der Digitalabteilung von Burda gearbeitet hat, hat mich von Anfang an mit ihrem Know-how unterstützt und war von Anfang an Partner und digitale Force hinter SoSUE«, erinnert sich Sue Giers an ihre zaghaften professionellen Anfänge in den sozialen Medien. Die allerdings schnell Fahrt

↖ Sue Giers in ihrem blauen Salon. Bei allem digitalen Know-how gehören Bücher zu ihren liebsten Inspirationsquellen
← Vom Moodboard zur Kollektion: Der Idee folgen die reellen Outfits ihres Labels SoSUE auf der Stange

↑ *Der Kamin ist Garant
für heimelige Gemütlich-
keit – inmitten von coolen
Inszenierungen
→ Ihren modischen Stil
– Classic with a Twist –
überträgt Sue Giers auch
auf die Gestaltung ihres
Interieurs*

aufgenommen haben. Inzwischen, fünf Jahre
später, ist aus SoSUE eine veritable Marke geworden, unter deren Dach sich eigene modi-
sche Entwürfe zum Kaufen mit journalistisch
aufbereiteten Themen rund um Zeitgeist und
das moderne Leben weit über die eng gesteck-
ten Grenzen von Lifestyle und Trends versammeln. Entstehungsort all der kreativen Ideen ist
inzwischen eine Hamburger Villa, in der nicht nur
gearbeitet, sondern auch gelebt wird. Und zwar
in bester Patchworkmanier mit ihrem neuen Lebenspartner, ihren Kindern – die zwischen hier
und dem Zuhause beim Vater pendeln – sowie
dem regelmäßigen Besuch der erwachsenen
Söhne ihres Freundes. Dabei beginnt der Tag
zeitig im Hause Giers. Als echte Frühaufsteherin
ist Sue Giers oft schon vor sechs aus den Fe-
dern. »Momentan teste ich, meinen Kaffee mit
Zitronensaft zu trinken. Das war ein Tipp einer
meiner Followerinnen zum Entschlacken. Ich
weiß aber nicht, ob ich mich daran gewöhnen
möchte«, zweifelt sie. Dabei ist es ihr wichtig,
immer offen zu bleiben für Neues. Zudem werden ihr feste Rituale ohnehin schnell langweilig.

»Die Welt ist so bunt und viel-
fältig, da würde man zu viel
verpassen, immer nur bei dem
zu bleiben, was man schon
gut kennt.«

»Die Welt ist so bunt und vielfältig, da würde man
zu viel verpassen, immer nur bei dem zu bleiben,
was man schon gut kennt«, findet die Chefin von
sieben Mitarbeitern, die mit unterschiedlichen
Nationalitäten und einer Altersspanne von 24
bis 54 grundverschiedene Aspekte, Ansichten
und Erfahrungen ins Team einbringen.
Bleiben ihr trotz aller Inspiration um sie herum doch mal die Ideen aus oder befallen sie

SUE GIERS | JOURNALISTIN UND MODEUNTERNEHMERIN

BUNT UND VIELFÄLTIG

hormonbedingte Mood Swings, hilft es ihr, einfach mal dankbar zu sein. »In den letzten Jahren hat sich so viel gefügt und zum Guten gedreht. Ich habe außerdem tolle Freundinnen gefunden, die mich bestärken. Das führe ich mir vor Augen, wenn ich mal frustriert bin. Für ungeliebte Aufgaben, die zu erledigen sind, belohn ich mich mit einem Cappuccino oder einem Glas Wein abends«, verrät sie ihre kleine List bei der alltäglichen Pflichterfüllung. Highlights dagegen sind die Momente, wenn neue Ware im Lager ankommt. »Dann bin ich total im Fashion-Rausch«, strahlt Sue Giers allein bei dem Gedanken, wenn ihre Entwürfe als stoffgewordene Wirklichkeit auf den Bügeln vor ihrer Nase baumeln.

»In den letzten Jahren hat sich so viel gefügt und zum Guten gedreht.«

Die Neuzugänge lösen einen wahren Motivationsschub in ihr aus, dass sie ihre Energie geradezu verschleudert. Den Moment zu erwischen, die Batterien auch zeitig wieder aufzuladen, verpasst sie dabei so manches Mal. »Ich kann mich immer noch schlecht von all dem Pflichtgefühl frei machen, obwohl ich an manchen Tagen am liebsten im Bett bleiben würde«, gesteht sie freimütig. Aber mit dem Älterwerden gelingt das Frühwarnsystem immer besser, stellt sie fest, und auch die Gewissheit, dass die Phasen von latenter Unlust schnell wieder vergehen, hilft, sie als das hinzunehmen, was sie sind: vorübergehend.

↖ *Einzelne markante Objekte wie der korallenrote Keramikoktopus setzen Akzente*
← *Industrie-Glastüren verleihen dem Altbau Modernität*

↖ Feminine Blusen sind das Erfolgsmodell von SoSUE
↑ Damit keine Idee verloren geht, sammelt Sue Giers Inspirationen auf der Pinnwand in ihrem Büro
← Treppengeländer als Handtaschenträger

SUE GIERS
Wichtige Tipps

1

DAS LEBEN IST EINE REISE.

Und das Ziel ist man selbst. Bei sich anzukommen ist ein so gutes Gefühl, für das es sich lohnt, manche Irrfahrten in Kauf zu nehmen. Sue Giers weiß aus eigener Erfahrung, dass Aufgeben keine Option ist. »Nach dem Tief kommt ein Hoch«, plädiert sie für mehr Geduld und mehr Nachsicht mit sich selbst.

2

Jeder Mensch sollte sich genügend Zeit nehmen herauszufinden, was ihm wirklich guttut und ihn erfüllt. In beruflicher Hinsicht umfasst das auch Probezeiten – und keine Scheu zu haben, auch mal einen eingeschlagenen Weg wieder zu verlassen.

3

Angst ist immer ein schlechter Berater. Statt schwarzzusehen, lieber dem Positive Mindset vertrauen. Das lässt sich gut im Kleinen, zum Beispiel bei der Parkplatzsuche in einer frequentierten Gegend, üben.

4

IN DER JUNGEN GENERATION

stellt Sue Giers zwei Strömungen fest. Die eine ist voller Sorge, womöglich nicht den gewohnten Lebensstandard (der Eltern) erlangen zu können. Die zweite aber ist davon geprägt, genau das gar nicht zu wollen. Hier liegt die Chance für eine ausgereifte Work-Life-Balance, die auf einen bewussteren Lebensstil und mehr Lebensqualität abzielt. Erstrebenswert findet Sue Giers die Ziele und fördert die Entwicklung mit umweltkritischen Beiträgen in ihrem Blog.

Sue Giers ist sich sicher: Das Glück ist einem hold, wenn es drauf ankommt. Und daran fest zu glauben ist schon die halbe Miete.

Power ist für Sue Giers das Synonym für »machen« – zu Lasten des Denkens. Nicht alles sezieren, sondern lieber vorpreschen und ausprobieren. Der bekannte Werbeslogan »Just do it« drückt das in ihren Augen perfekt aus.

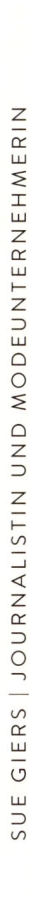

SUE GIERS | JOURNALISTIN UND MODEUNTERNEHMERIN

FOTOS ANDRÉ KIRSCH

VRENI FROST
AUTORIN UND MODERATORIN

Die Frau
spricht für sich

*Augenzwinkernd kokettiert Vreni Frost mit dem erfolgreichen
Abbruch ihres Jurastudiums. Gesetzestexte zu pauken war ihr schlicht
zu trocken, deshalb sattelte sie lieber auf Medienwissenschaften um.
Nach dem Karrierestart als PR-Beraterin gehörte das Kommunikati-
onsgenie dann zur ersten Generation von Bloggern.*

Inzwischen verleiht sie mit ihrer Stimme Themen wie Finanzen sowie der Reinigung von Körper und Seele Nachdruck. Dass sie dabei überhört werden könnte, ist undenkbar

F

ür ihre Geschäftsidee erntete Vreni Frost erst mal viel Kopfschütteln im Familien- und Freundeskreis, als sie im Jahr 2010 mit ihrem Blog startete. »Was soll das denn eigentlich sein?«, wurde sie oftmals reichlich herablassend gefragt. Dass man mit persönlicher Meinungsmache seinen Lebensunterhalt verdienen kann, und dann auch noch in diesem virtuellen, wenig greifbaren Internet, das war den allermeisten Menschen damals mehr als suspekt. Aber diese Erfahrung hat ihr das nötige Rüstzeug mitgegeben und den Mut, Entscheidungen gegen gängige Meinungen zu fällen. »Spätestens seitdem habe ich keine Angst mehr vor Neuerungen, komme, was wolle«, resümiert die 39-Jährige, deren Lebenslauf ohnehin nicht so klingt, als hätte sie sich je schnell ins Bockshorn jagen lassen. Aufgewachsen im bayerischen Bad Tölz, lebt die Wahlberlinerin nach Stationen an der Tübinger Uni sowie London heute im angesagten Hauptstadtkiez Friedrichshain. Gemeinsam

mit ihrem Freund und drei Katzen hat sie sich hier auch ihre perfekte Arbeitsatmosphäre geschaffen. Die übrigens ganz ohne Schreibtisch auskommt. Sie selbst nennt sich digitale Nomadin, weil sie überall arbeiten kann und dafür keinen konkreten Ort braucht. »Ich war sehr oft unterwegs, da mein Arbeitsbereich so vielfältig ist und ich keine strukturierten Wochen habe, also macht ein fester Arbeitsplatz einfach keinen Sinn«, lacht Vreni Frost. Handy und Laptop immer in Griffweite genügen ihr, um immer und überall einsatzbereit zu sein. Pro forma hat sie zwar auch ein Büro, aber da sei sie fast nie.

»Ich habe keine Angst mehr vor Neuerungen, komme, was wolle«

Das dient nur der Angabe im Impressum ihrer Webseite, wo sie verständlicherweise nicht ihre Privatanschrift veröffentlichen will. Denn tatsächlich war Vrenis Blog neverever.me gar keine Schnapsidee, wie ihr Umfeld damals unkte. Mit gesellschaftsrelevanten Themen, dem Blick hinter die Kulissen der glitzernden Fashion- und Lifestyle-Welt sowie sehr persönlichen Erfahrungsberichten hat die Kommunikationsfachfrau vielmehr einen Nerv getroffen. Ihre humorvol-

↖ Ein sonniges Gemüt im sonnigen Umfeld
←← Drei Katzen gehören zu den (gleichberechtigten) Mitbewohnern
← Die Küche gehört zu Vreni Frosts Lieblings-(arbeits-)plätzen in der Wohnung

↑ *Klare Linien, starke Farben. Man sieht der Inszenierung die ordnende Hand der Bewohnerin an*

le Art und fehlende Scheu, schonungslos, frei und ohne falsche Scham vermeintliche Tabus zu brechen, sprechen einer Menge Menschen aus der Seele. Mit der Zeit wurde das Bloggen aber zum Massenphänomen, und die Anzahl an Influencern, wie sich die meinungsmachende Schar inzwischen nennt, wuchs inflationär an. Zeit für Vreni Frost, sich mal wieder neu zu erfinden und den Schritt zur Buchautorin zu wagen. Mit ihrem Erstlingswerk »Glanz und Gloria« liefert sie auf unterhaltsame Art einen Rundumschlag mit persönlichen Tipps für die Reinigung von Haushalt, Körper und Seele. Nach erfolgreichen Gesangsstunden hat sie ins sprechende Fach gewechselt und ein neues Medium für sich entdeckt. In ihren Podcasts für den Bayerischen Rundfunk, die Deutsche Vermögensberatung sowie auf audible spricht sie frei von der Leber weg über Dinge, die sie immer auch persönlich berühren. Ob »Körperkram«, Finanzen oder die allgegenwärtige Social-Media-Bubble – wenn Vreni Frost informiert, diskutiert und debattiert, sind die Zuhörer gebannt.

»Ich liebe Menschen und bin neugierig auf sie, aber doch lieber auf Augenhöhe. Chef sein liegt mir eher nicht«

Aber auch wenn sie als Anchorwoman an der Front steht, für die Produktion der Podcasts braucht es ein Team. Das ist eine neue Challenge für die Einzelkämpferin, die nur schwer Verantwortung abgeben kann. »Ich hätte es nicht gedacht, aber ich bin echt harmoniebedürftig«, gesteht Vreni Frost verwundert über sich selbst. »Als Führungskraft muss man kritisieren können. Ich kann das zwar auch, aber es macht mich nicht glücklich. Ich liebe Menschen und bin neugierig auf sie, aber doch lieber auf Augenhöhe.

VRENI FROST | AUTORIN UND MODERATORIN

↑ Farben, Formen. Alles korrespondiert miteinander. Das ist im Kosmos von Vreni Frost kein Zufall!
↖ ← Dinge mit Seele, Vintage-Funde und Designerstücke wie die Flowerpot-Lampe von &Tradition schmücken das Heim

Chef sein liegt mir eher nicht«, sagt der kreative Freigeist. Freude bereitet ihr dagegen jeder neue Tag. »In meinem Arbeitsleben gibt es keine Routine. Mal stehen Interviews an, oder es sind Treffen mit interessanten Leuten geplant, wir machen Aufnahmen, oder ich bin in Planungsphasen. Alles ist immer spannend, neu und aufregend«, freut sie sich. Und auch wenn es nach mehr als einem Fulltime-Job klingt, so schafft das Organisationstalent es, sich auch immer genügend Freizeit einzuräumen. Als ausgesprochene Frühaufsteherin kann es schon mal sein, dass sie um fünf in der Früh mit der Arbeit startet. »Dann bin ich um zwölf Uhr mittags mit allem durch. Und der Rest des Tages ist frei.

»In meinem Arbeitsleben gibt es keine Routine. Alles ist immer spannend, neu und aufregend«

Herrlich«, findet sie. Überhaupt ist Vreni Frost eine Verfechterin des Vierstundentages. »Länger kann man ohnehin nicht produktiv sein«, ist sie sich sicher und bemüht sich auch selbst darum, ihr Arbeitspensum herunterzuschrauben. Was bei so viel Energie und Plänen allerdings ein frommer Wunsch ist. Momentan verfolgt Vreni Frost das Ziel, Moderatorin einer eigenen Talkshow zu werden. Zuhören kann sie nämlich auch gut!

↖ Die vierte Katze ist aus Keramik. Wenn es zeitlich ging, hätte Vreni Frost noch gern einen (echten) Hund
← Viele Rückenkissen ermöglichen eine bequeme Sitzposition im Bett
→ Ein weiterer Lieblingsplatz vor dem Fenster. Der Ledersessel erhält einen grünen Rahmen

VRENI FROST | AUTORIN UND MODERATORIN

VRENI FROST
Wichtige Tipps

1

Auch ein Energiebündel wie Vreni Frost muss mal seine Batterien aufladen. Dazu reist sie liebend gern allein und ohne Begleitung in ein österreichisches Kurhotel. Beim Basenfasten befreit sie sich körperlich wie seelisch von unnötigem Ballast. Nach zehn Tagen in der Diaspora führt sie das Reinigungsprogramm noch zu Hause weiter. Die Kur aktiviert die Selbstheilungskräfte und dient ihr als Ausgleich zu dem oft unbeherrschten Konsum von Süßigkeiten (eine ihrer wenigen Schwächen).

2

NICHT GLÜCK,
sondern Energie, Durchhaltevermögen und Mut haben Vreni Frost in ihre heutige Poleposition gebracht. »Glauben allein hilft nichts, man muss sich schon auf den Allerwertesten setzen und etwas dafür tun«, so ihr Credo.

Sie ist ein Fan, Dinge ohne Scheu direkt anzusprechen. Frei nach dem Motto: Wer spricht, dem kann geholfen werden.

3

Die eigenen Energien und Kräfte richtig einzuteilen gehört für Vreni Frost zu den größten Herausforderungen. Nicht immer zu allem Ja sagen, sich auch mal Pausen zu gönnen und Ruhephasen ernst nehmen, das sind Übungen, die ihr noch schwerfallen. Ein Nein zu vermeintlichen Pflichten ist ein Ja zur eigenen Gesundheit.

4

WAS SIE WIRKLICH NERVT.
Vreni Frost bringt nichts so schnell aus der Fassung. Aber Zeitfresser nerven sie. Wenn Meetings Stunden dauern, für die kurze Absprachen genügt hätten, empfindet sie die als Zumutung. Auch Sprachnachrichten sind ihr ein Gräuel. Daher hat sie ein Verbot an ihr Umfeld ausgesprochen, sie nicht unnötig »zuzutexten«.

Mit Power verbindet Vreni Frost, das Leben in die eigenen Hände zu nehmen. Sich selbstbewusst über die eigenen Stärken im Klaren zu sein und sein Licht nicht unter den Scheffel zu stellen.

VRENI FROST | AUTORIN UND MODERATORIN

ANNETTE WEBER
MODEJOURNALISTIN

Kuratorin
in Sachen Stil

Für sie ist Modejournalistin der schönste Job der Welt.
Und Annette Weber weiß, wovon sie spricht. Von der Pike auf
gelernt, war die heutige Bloggerin viele Jahre lang Chef-
redakteurin der deutschen InStyle, um sich mit Mitte 50
noch mal neu zu erfinden.

Selbstständig, unabhängig und ihrem seismografischen Gespür für Trends vertrauend, liefert die Fashion-Ikone ihren Followern täglich neben persönlichen Einblicken auch gleich eine eigene Kollektion. Glamometer!

S chreiben ist nach wie vor ihre liebste Tätigkeit, steht Annette Weber zu ihrer beruflichen Leidenschaft. Und dafür nimmt sie sich regelmäßig Zeit und gönnt sich einen kurzen Rückzug aus dem sich ewig drehenden Fashion-Zirkus. Denn jeder Tag im Leben der umtriebigen Influencerin ist angefüllt mit Planungen rund um Fotoshootings, Reisen zu Messen und Events, Kommunikation und Austausch mit ihren Followern, Absprachen mit Kooperationspartnern – sowie last but not least der Ideenfindung für neue Kollektionen des eigenen Labels Glam-O-Meter, unter dessen Dach alle Fäden zusammenlaufen. Dabei ist Annette Weber kein Digital Native, mit 55 Jahren gehörte sie vielmehr zu den Spätberufenen, als sie 2015 ihren Blog startete. Nach dem Ausstieg bei der Modezeitschrift InStyle, deren Anchorwoman sie als Chefredakteurin fast ein Jahrzehnt war, gönnte sich die Vollblutjournalistin erst mal ein Jahr Pause. So mancher dachte wohl, sie würde sich nicht für Online interessie-

ren – darüber kann man heute nur staunen, denn inzwischen betreibt sie eine der erfolgreichsten Onlineplattformen der deutschen Modeszene. »Die Jahre im Verlag in Festanstellung mit ei-

»Wir verbringen so viel Zeit bei der Arbeit, da ist mir die schicke Einrichtung des Arbeitsplatzes wirklich wichtig«

nem tollen Team waren großartig. Aber als ich nach dem Ausscheiden das Angebot einer Freundin bekam, mich ins Dachgeschoss ihres gerade neu erbauten Bürogebäudes einzumieten, habe ich sofort zugeschlagen«, schwärmt sie über ihre Location. Inzwischen im Herzen Münchens ansässig, residiert sie hier gemeinsam mit ihren vier Mitarbeiterinnen in Räumen, die eher Salons denn konventionellen Büroräumen ähneln. Kleiderständer mit den neuesten Kreationen sowohl von kooperierenden Marken als auch aus ihrer eigenen Kollektion, regalweise glamouröse Schuhpaare und Stapel von luxuriösen Strickwaren ergeben zusammen mit immer frischen Blumen, ausgesuchten Deko-Objekten und Möbeln ein durch und durch feminines

↖ Die goldene Tapete mit Kirschblütenzweigen liefert die passende Kulisse in Annette Webers Büro: feminin und glamourös
↞ Luxuriöser Kaschmirstrick stapelt sich in den Regalen
← Und auf Kleiderstangen hängen – natürlich farblich sortiert – die Neuzugänge ihres Labels Glam-O-Meter

*↑ Goldene Akzente über-
all. Sogar die Kaffeeküche
kommt ohne den edlen
Glanz nicht aus*
*→ Frische Blumen gehö-
ren für Annette Weber
dringend ins Bild. Der
Arbeitsplatz ist schließlich
ihr zweites Zuhause*

Ambiente. »Wir verbringen so viel Zeit bei der Arbeit, da ist mir die schicke Einrichtung des Arbeitsplatzes wirklich wichtig«, sagt Annette Weber, deren Arbeitstage schließlich nicht selten schon morgens um halb sechs beginnen. »Ich lege großen Wert darauf, die Post meiner Follower selbst zu beantworten. Es haben sich so großartige Kontakte und Freundschaften ergeben, und die Kommunikation kann ich unmöglich einfach jemand anders überlassen«, findet sie. Denn auch wenn sich das Medium vom gedruckten zum virtuellen Wort geändert hat und durch die ständige Erreichbarkeit schnelllebiger und unmittelbarer geworden ist, liegt ihr ihre Authentizität unbedingt am Herzen. Und die ist es wohl auch, die ihren Blog so wohltuend von vielen anderen unterscheidet. Natürlich hat ihr ihre Bekanntheit in der Branche als auch bei der Leserschaft der immerhin zeitweise auflagenstärksten Modezeitschrift auf dem Markt geholfen. Aber trotzdem gab es keine Garantie, dass der Plan eines Onlinemagazins plus Webshop funktionieren würde.

»Es ist schon eine Überwindung, sich ständig zu produzieren und selbst herzuzeigen«

Die Scheu, sich selbst vor der Kamera zu präsentieren, hat sie bis heute noch nicht ganz abgelegt. »Es ist schon eine Überwindung, sich ständig zu produzieren und selbst herzuzeigen. Aber sichtbare Präsenz gehört dazu, und die Reaktionen sind so positiv«, gesteht immerhin die Frau, die für die Fachpresse als eine der mächtigsten Instanzen der deutschen Modewelt gilt, erfrischend ehrlich. Und auch dass es für sie kein arbeitsfreies Wochenende mehr gibt, gehört zu den Wahrheiten, die der Erfolg und die erlangte Popularität mit sich bringen. »Ich bin

GLAMOUR ALS STANDARD ·

ANNETTE WEBER | MODEJOURNALISTIN

vom Wesen her nämlich faul. Ein Samstag mit Bundesliga, Kuchen und Champagner auf dem Sofa ist für mich heilig«, gibt der bekennende Fußball-Junkie in ihr souverän zu. Aber sonntags ist der höchste Traffic auf ihren sozialen Kanälen. Dann muss sie ihrer Familie, die sich über ihr ständiges Handy-Gedaddel mokiert, schon mal erklären, dass sie gerade bei der Arbeit sei.

»Ein Samstag mit Bundesliga, Kuchen und Champagner auf dem Sofa ist für mich heilig.«

Unter der Woche startet der Tag mit einer als Kaffeekränzchen getarnten Teamsitzung. Das Ritual hat die Chefin, die sich mit ihren hohen Ansprüchen den Ruf einer deutschen Anna Wintour errungen hat, aus InStyle-Zeiten übernommen. »Dabei werden alle auf Spur gebracht, wir besprechen, was anliegt und wer was macht«, erläutert sie die Zusammenkünfte, die regelmäßig auch mittags bei einem gemeinsamen Business-Lunch fortgesetzt werden. Und selbst ihre geliebten Reisen auf die Malediven sind inzwischen nie nur privat. Von jedem Ort der Welt postet Annette Weber, was ihr mitteilungswürdig erscheint. Mit scharfer Beobachtungsgabe und witziger Wortgewandtheit nimmt sie ihre Fans mit. Und die folgen ihr – gern und überallhin.

↖ Minibar und Stillleben in einem. Man ist schließlich auf alle Eventualitäten vorbereitet
← Die Lage mitten im Herzen von München und die Räumlichkeit des Büros sind ein Traum

ANNETTE WEBER | MODEJOURNALISTIN

↖ Creme und Gold. Das Glamourpaar schafft es in jede Inszenierung

↑ Der erste Kaffee am Morgen ist Pflichtprogramm. Was danach kommt, lässt Annette Weber gelassen auf sich zukommen

← Typische Büroatmosphäre? Geht auch so!

ANNETTE WEBER
Wichtige Tipps

1

Annette Weber outet sich als legendär unordentlich. Ohne eine fremde ordnende Hand, die ihre Sammelleidenschaft dann und wann domestiziert, wäre sie aufgeschmissen. »Es ist eine erkannte Schwäche von mir, dass ich überall alles stehen und liegen lasse«, gibt sie zu und plädiert dafür, sich grundsätzlich Hilfe zu holen bei den Dingen, die man selbst nicht beherrscht.

2

SICH GUT AUS SITUATIONEN BEFREIEN ZU KÖNNEN

und sich von Gewohnheiten zu trennen gehört zu Annette Webers Erfolgsrezepten. »Ich bin schon langmütig, aber ich kann auch auf den Putz hauen, wenn es mir reicht«, verrät sie. Probleme müssen manchmal einfach entsorgt werden, damit man sie ein für alle Mal los ist, findet sie.

3

EINE BÜROAUSSTATTUNG,

auch wenn man angestellt ist, sollte der eigenen Persönlichkeit entsprechen. Schon eine schöne Vase mit Blumen oder eine hübsche Stifteschale auf dem Schreibtisch erhöhen den Wohlfühlfaktor.

4

WAS SIE WIRKLICH NERVT.

Auch wenn Annette Weber sich selbst als fidele Pfälzerin, dem Wein und Müßiggang zugeneigt, beschreibt, so absolviert sie doch ein regelmäßiges Sportprogramm. »Joggen ist für mich wie Zähneputzen. Ich mach es einfach jeden Morgen«, verrät sie ihre ausnahmsweise weniger spaß- als ergebnisorientierte Haltung.

»Money will follow«, lautet Annette Webers Antwort auf die despektierliche Bezeichnung vermeintlich brotloser Künste. Zu tun, was Spaß macht, bringt in der Regel auch Erfolg, so ihre unumstößliche Meinung und ihr Aufruf, der eigenen Leidenschaft unbedingt Folge zu leisten.

Power steht für Annette Weber
für Begeisterungsfähigkeit und
Durchsetzungskraft. Ihre erste Asso-
ziation ist ein lauter Knall – eine
explodierende Stärke, der sich
niemand entziehen kann.

ANNETTE WEBER | MODEJOURNALISTIN

FOTOS ANDRÉ KIRSCH

DANI TRETTL
KOSMETIK-UNTERNEHMERIN

Erfolgsrezept

*Die Frau ist ein Tausendsassa. Gemeinsam mit ihrem
Mann Roland kochte sich Dani Trettl in Lockdown-Zeiten
via eigens eingerichtetem Blog in die Herzen einer
wachsenden Fangemeinde. Und krönte den Erfolg anschließend noch mit einem Bestseller-Kochbuch.*

Dabei hat sich die Oberbayerin eigentlich voll und ganz der Hautpflege verschrieben. Mit ihrer eigenen Kosmetiklinie ohne Parabene lindert sie hartnäckige Problemfälle – aber das scheint ihre leichteste Übung zu sein

V

iele junge Frauen lockt die Kosmetik- und Beautybranche mit ihrem vermeintlichen Glamourfaktor, der Beruf steht auf der Liste der Traumjobs weit oben. Dass Dani Trettl den Karriereweg eingeschlagen hat, ist dagegen eher der Familientradition geschuldet. Ihre Mutter war in einer Tagesklinik für Schönheitsbehandlungen tätig, der Vater betrieb in Freilassing eine Parfümerie. Nach einer fundierten Kosmetik- und Visagisten-Ausbildung in München zog es sie in die weite Welt hinaus, um sich zunächst in Indien in Yoga unterrichten zu lassen. Damals, Ende der 1990er-Jahre, waren die meditativen Übungen noch nicht so inflationär in Europa verbreitet wie heutzutage. »Ich wollte es da lernen, wo es herkommt. Den Ursprung kennenlernen. Die fünf Monate in Goa waren unglaublich intensiv. Wir sind mit der Sonne morgens um fünf aufgestanden, und der Unterricht dauerte oft bis abends um zehn«, erinnert sich Dani Trettl an den tagfüllenden Stundenplan mit spirituellen Lehren und fordernden Konzentrationsübungen. Und auch wenn sie sich zunächst auf ihr Zuhause, die Freunde und Familie gefreut hat – »ich war ja noch so jung, und es war schon auch ein Kulturschock«, gesteht sie –, so zog es sie doch auch bald wieder in die Ferne. Zunächst nach Bali, anschließend lockte eine Schönheitsklinik auf Mallorca, wo sie fünf Jahre lang sehr selbstständig mit ihren Patientinnen arbeiten und viel Erfahrung mit Hautproblemen sammeln konnte. »Das war eine lehrreiche und tolle Zeit auf der Insel.

»Die fünf Monate in Goa waren unglaublich intensiv. Wir sind mit der Sonne morgens um fünf aufgestanden, und der Unterricht dauerte oft bis abends um zehn«

Aber mein dreißigster Geburtstag, der damals näher rückte, war für mich ein Stichtag, der alles veränderte«, beschreibt Dani Trettl den Erweckungsmoment, als ihr klar wurde, dass sie jetzt sesshafter werden wollte und dazu der Rückzug in ihre Heimat nötig wurde. Das Schicksal hat es gut mit ihr gemeint und den Wunsch erns-

↖ Dani Trettl hat gut lachen. Was sie auch anfasst, wird zum Erfolg
←← Der Zugang zur Eventlocation Kitchen Club, die Dani und Roland Trettl betreiben
← Pflanzen, Duftdiffuser und ausgesuchte Objekte – Deko à la Dani Trettl

↑ Gastgeberin zu sein liegt
Dani Trettl im Blut – und
im Herzen
→ Aus der Not des Lock-
downs ist ein Bestseller
entstanden

ter als womöglich sie selbst genommen. Denn gleich am ersten Abend zurück in Salzburg – die Grenzstadt zu Oberbayern liegt nur einen Steinwurf von Dani Trettls Geburtsort Freilassing entfernt – überredeten sie Freunde, die Rückkehr zu feiern. »Ich hatte eigentlich keine Lust auszugehen. Aber noch an diesem Abend habe ich Roland, meinen späteren Mann, kennengelernt«, beschreibt sie die glückliche Fügung, die von nun an ihr Leben auf den Kopf stellen sollte. Roland Trettl ist zu diesem Zeitpunkt schon ein ausgezeichneter Spitzenkoch, sie selbst betreibt ein eigenes Yoga- und Kosmetikstudio, das sie verkauft, als sich Nachwuchs ankündigt. Die Geburt ihres Sohnes Diego stellt berufliche Ambitionen zunächst in den Hintergrund, aber bald schon entwickelt sie quasi »nebenher« eine eigene Kosmetikserie. »Die Zeit war heftig, denn Roland war damals im Hangar-7 mehr als beschäftigt, und meine Mutter selbst auch noch berufstätig. Ich habe von zu Hause gearbeitet und die Lücken, die sich zeitlich durch Diegos Mittagsschlaf und später den Kindergarten ergaben, genutzt«, freut sich die Unternehmerin über die deutlich entspanntere heutige Situation. Denn inzwischen gibt es ein separates Büro für sie und ihre Mitarbeiter, nur einen kurzen Fußweg von daheim entfernt, wo auch der inzwischen Achtjährige jederzeit nach der Schule vorbeikommen kann.

»Die Zeit war heftig, denn Roland war damals im Hangar-7 mehr als beschäftigt und meine Mutter selbst auch noch berufstätig.«

Die Einrichtung ihres Büros hat Dani Trettl nicht etwa dem Zufall, sondern ihrem Feng-Shui-Berater überlassen. Der hat ihr unbedingtes Vertrauen seit der Umgestaltung von Diegos neuem Zimmer gewonnen, in dem der Junge nicht

↖ *Das Büro von Trettl-Cosmetics ist nur einen Steinwurf vom Zuhause entfernt*
↑ *Die Chefin an ihrem Platz. Dank Feng Shui herrschen hier ausschließlich positive Vibrations*

schlafen wollte, bis der Experte die Störquellen erkannt und gebannt hat. »Meine beiden engsten Mitarbeiter und ich hatten unsere drei Schreibtische schon im Raum vor den Fenstern verteilt, wie wir es gut fanden. Aber nach den Gesprächen und Analysen der Geburtsdaten stand plötzlich ein Tisch in der eher dunklen Raumecke. Für mich wäre es eine Strafe, aber tatsächlich war meine Assistentin total glücklich über genau diesen Platz«, staunt die Chefin noch heute über die individuell unterschiedlichen Bedürfnisse. Den Gemütern entsprechend verordnete der Feng-Shui-Berater zwei erdende brauntonige und einen kühlenden blauen Teppich unterm Schreibtisch sowie ein Baum-Bild an der hinteren Wand. Diesem wenden die drei zwar den Rücken zu, aber es dient der Stärkung und scheint zu helfen. Ihrer Kosmetik, die Trettl-True-Produkte, liegt übrigens ein eigenes Hautproblem zugrunde. »Ohne meine eigene Parabene-Unverträglichkeit wäre ich vielleicht gar nicht darauf gekommen, welche Auswirkungen diese chemischen Konservierungsstoffe haben können«, resümiert sie und stellt zugleich den serösen medizinischen Aspekt allem Glamour voran.

↖ Bunte Karpfen dienen als originelle Wanddeko und weisen im Eventbereich den Weg
← Unverputzter Beton prägt auch im Treppenhaus den Loft-Charakter des Gebäudes
→ Ein langer Esstisch steht für Trettl-typische Geselligkeit und Gastlichkeit

SCHÖN VON INNEN UND AUSSEN.

DANI TRETTL | KOSMETIK-UNTERNEHMERIN

DANI TRETTL

Wichtige Tipps

1

Dani Trettl hat mit ihren 42 Jahren beruflich bereits viel erreicht. Ihr Traum ist eine Viertagewoche. Sie beruft sich dabei auf Studien, die besagen, dass in drei Stunden durch effektives konzentriertes Arbeiten bereits 80 Prozent des täglichen Pensums zu schaffen seien. Die restlichen obligatorischen fünf Stunden stehen dann noch 20 Prozent Arbeitsleistung gegenüber. Die Belohnung für mehr Effizienz wäre ein zusätzlich freier Tag. Sie und ihre Mitarbeiter arbeiten daran.

2

DER FENG-SHUI-BERATER
war für Dani Trettl eine gute Investition. Die Analyse von Energieströmen und welche Kräfte sich aus so simplen Dingen wie Blickrichtungen und dem Standort des Schreibtisches ziehen lassen, sind vielleicht nicht zu erklären, aber eben spürbar.

3

DAS GRÖSSTE ÄRGERNIS
ist sich Dani Trettl meistens selbst. Weil sie zu viel in den zur Verfügung stehenden Zeitrahmen eines Arbeitstages plant, bleibt meist Unzufriedenheit über das dann doch nicht Geschaffte. Inzwischen übt sie sich darin, Terminpläne zu entzerren, und rät besonders berufstätigen Müttern, Eventualitäten einzuplanen und gnädiger mit sich zu sein.

Dani Trettl kennt keinen Monday Morning Blues – »bei mir ist es eher ein ›Monday Morning Boost‹«, lacht sie. Als Frühaufsteher nutzt sie am liebsten die Morgenstunden, um Liegengebliebenes zu erledigen und dann mit einem leer gefegten Schreibtisch ein neues Tagwerk anzugehen.

DANI TRETTL | KOSMETIK-UNTERNEHMERIN

Power bedeutet für Dani Trettl
in erster Linie Kraft. Frauen sollten
sich ihrer Kraft selbst vergewissern
und mehr Selbstbewusstsein haben.
Männer machen es uns vor.

KINGA CICHEWICZ
LEHRERIN

Eine echte Lebenskünstlerin

Im polnischen Lodz geboren, ist inzwischen die ganze Welt ihr Zuhause. Kinga Cichewicz pendelt zwischen Europa, Südamerika und Australien und fühlt sich dank ihrer Mehrsprachigkeit überall gleich heimisch.

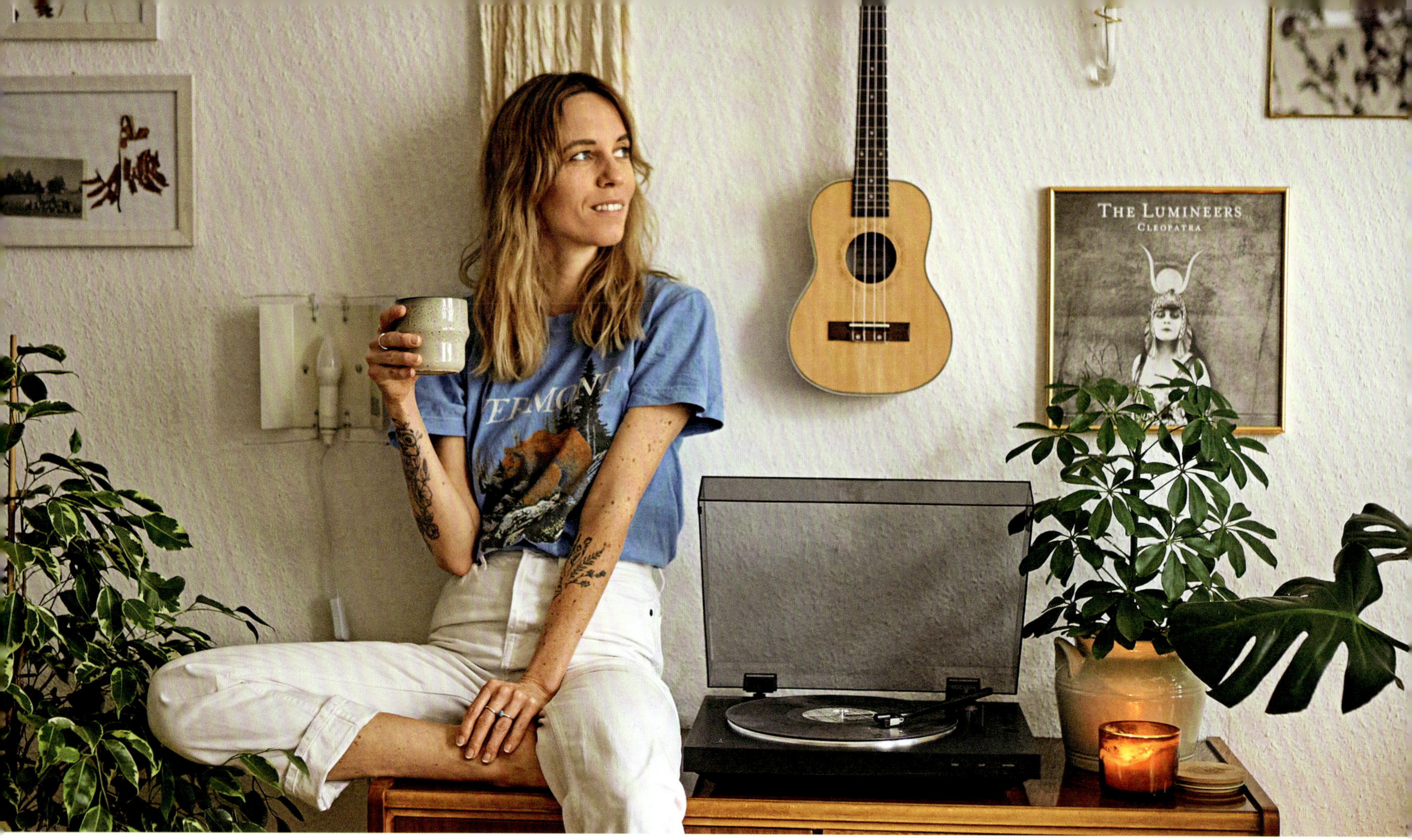
THE LUMINEERS
CLEOPATRA

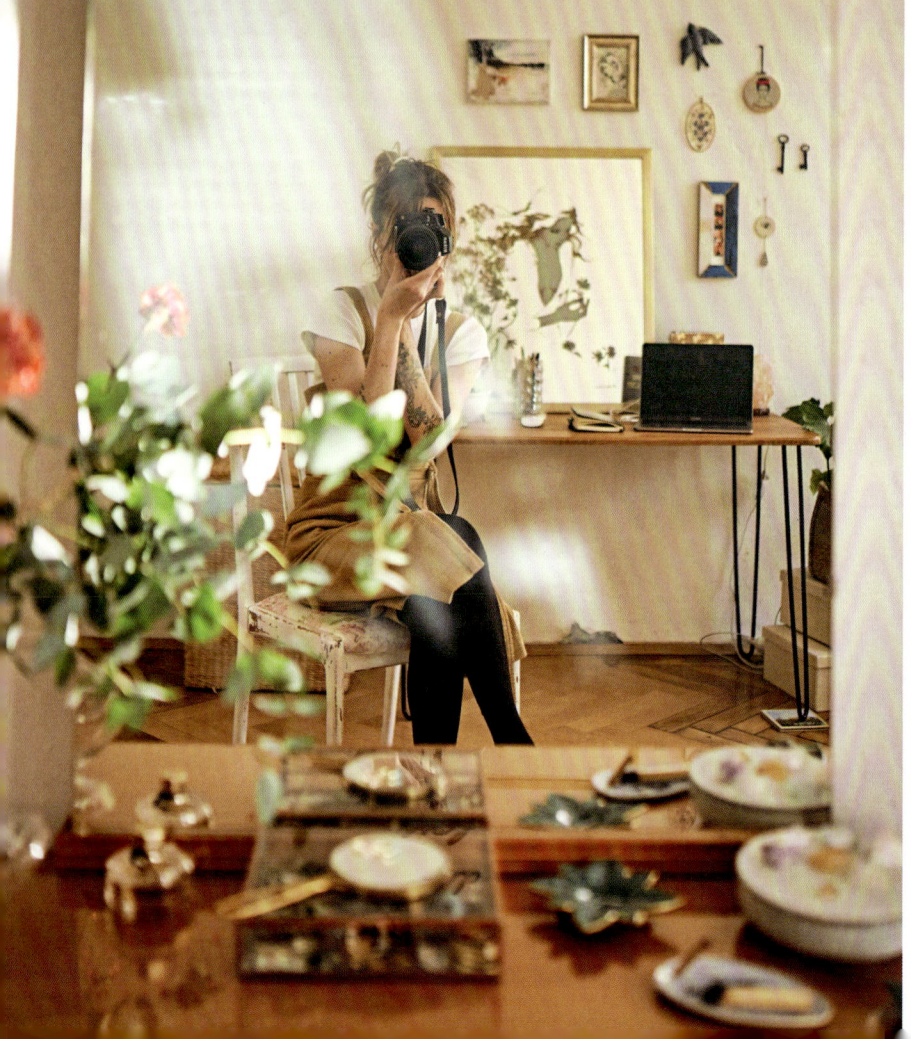

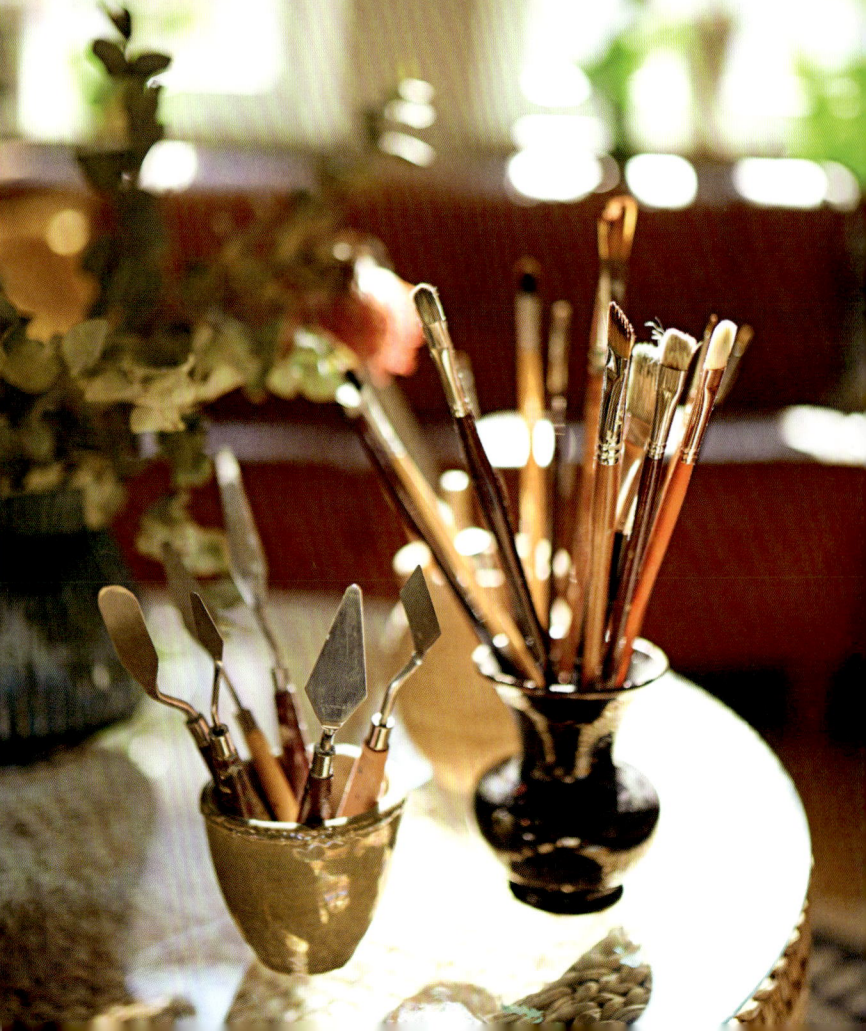

Sie hat Anglistik sowie Kunst studiert, unterrichtet, fotografiert und lässt sich nicht auf einen einzigen Beruf festlegen. Im Herzen ein Hippie, bewahrt sie sich die Freiheit zu tun, was ihr guttut und was ihre Hypersensibilität unter Kontrolle hält

 omentan ist sie in München zu Hause. Zugegeben, der Moment hält für ihre Verhältnisse schon länger an, seit Kinga Cichewicz nach einer Trennung aus England abgereist und lieber in die Nähe ihrer Schwester, die in der bayerischen Hauptstadt lebt, gezogen ist. Und seit inzwischen vier Jahren teilt sie sich die Dreizimmerwohnung, in der gearbeitet und gelebt wird, mit ihrem (neuen) Freund. Die beiden haben sich im Urlaub in Ljubljana kennengelernt. Der gebürtige Australier ist wie sie selbst auch den »Camino de Santiago« – den galizischen Jakobsweg – gegangen, und nicht nur aufgrund der gemeinsamen Erfahrung hatten die beiden sofort einen spirituellen Draht zueinander. Das Sinnliche spielt für die 34-Jährige überhaupt eine große Rolle. »Ich bin das, was man hochsensibel nennt, meine Gedanken sind in ständiger Bewegung, und ich benötige Ruhe, um mein Gedankenkarussell ab und zu zu stoppen«, gesteht Kinga Cichewicz, und man fragt sich, wann sie wirklich zur

Ruhe kommt bei ihrem Pensum an Produktivität und Plänen. Als sie nach ihrem Lehramtsstudium in Warschau damals nach England ging, hat sie dort an einer Grundschule gearbeitet. Und auch wenn dazu längst ein weiteres Studium der Künste, viele Reisen und Erfolge als Hochzeits- und Gesellschaftsfotografin gekommen sind, so bleibt sie doch den Kindern gewissermaßen treu.

»Ich bin das, was man hochsensibel nennt, meine Gedanken sind in ständiger Bewegung, und ich benötige Ruhe, um mein Gedankenkarussell ab und zu zu stoppen«

Denn in München haben ihr Freunde eine Stelle im Kindergarten vermittelt, wo sie die Kleinen nicht nur betreut und beschäftigt, sondern ihnen neben Englisch und Spanisch auch die (Um)-Welt näherbringt. »Ich spreche mit ihnen über den Regenwald, die Natur, den Klimawandel und die Fürsorge für unsere Erde. Schließlich sind sie unsere nächste Generation«, erklärt Kinga Cichewicz ihr Engagement und wechselt dabei vom Deutschen ins Englische, was ihr leichter fällt, obwohl sie Deutsch mit charmantem Akzent

↖ Musik hören, Tee trinken, auf neue Ideen kommen. Kinga Cichewicz umgibt sich nur mit Dingen, die ihr guttun
↞ Der Blick durch die Kamera schärft den Fokus aufs Wesentliche
← Malutensilien immer zur Hand für den nächsten Musenkuss

nahezu fließend spricht. Ihre Entschuldigungen, wenn ihr ein Wort nicht einfällt, könnte man glatt als Koketterie werten, aber dafür ist sie viel zu wahrhaftig. Es ist wohl eher wieder mal der hohe Anspruch an sich selbst, dass ihr die eigenen kleinen Unzulänglichkeiten größer ins Gewicht fallen als all die Begabungen, die ihr scheinbar in die Wiege gelegt wurden. Tatsächlich ist auch die künstlerische Ader ein Erbe ihrer Großmutter. »Mein Vater ist Polizist, und meine Mutter arbeitet in einer Buchhandlung. Das sind ganz reelle Berufe. Aber meine Oma war Künstlerin, und auch einige unserer Cousins sind Künstler«, erzählt sie stolz von ihren Wurzeln. Die Malerei hat sich zu Kinga Cichewicz' wichtigstem Anliegen entwickelt. Dafür haben sie und ihr Freund, ein Zimmer ihrer Wohnung als Atelier deklariert.

»Meine Oma war Künstlerin, und auch einige unserer Cousins sind Künstler«

Um sich selbst zu disziplinieren und dem Akt der Malerei gebührende Ernsthaftigkeit zu verleihen, zieht sie immer zunächst Schuhe an. Eben auch in der Wohnung. »Die Schuhe vermitteln mir: Ich bin bei der Arbeit. Und das hier ist mein Arbeitsplatz. Die anderen Räume sind tabu, die sind privat. Für mich ist es wichtig, Strukturen zu schaffen, auch das beruhigt meinen immer ratternden Geist«, beschreibt das kreative Allroundtalent ihr Ritual, das ihr innerlich Halt gibt und Konzentration ermöglicht. Aktuell

↖ *Wenn sich Freunde und Familie auf dem großen Ecksofa versammeln, ist die Hausherrin in ihrem Element*
← *Ihr Motto fürs Leben als Überschrift für den Schreibtisch*

KINGA CICHEWICZ | LEHRERIN

↖ Meditative Übungen
helfen, den immer pulsie-
renden Geist zu bändigen
↑ Naturfarben fürs Ambi-
ente sorgen dazu optisch
für Ruhe
← Work in Progress. Kinga
Cichewicz experimentiert
mit Techniken, Farben und
Motiven

↑ Analoges Hörvergnügen.
Eine Platte aufzulegen ist
der Beginn des Entspan-
nungsrituals
→ Platz an der Sonne auf
dem Balkon. So schön es
hier ist, die nächsten Rei-
sepläne stehen schon ...

plant sie zudem, eine eigene Webseite für ihre fotografischen Arbeiten anzulegen. »Obwohl meine Hochzeitsfotografien gut ankamen und es mir Spaß gemacht hat, musste ich da mal eine Pause einlegen. Aber jetzt habe ich wieder Lust dazu und denke, ich werde da aktiver«, so ihre Überlegungen für ein weiteres Standbein. Wobei es im Leben der Weltenbummlerin ohnehin nie Stillstand gibt. Eine Mexikoreise steht an, wo sie ihren Freund treffen wird, der sich dort gerade zu Studienzwecken aufhält. Mexiko ist einer ihrer Sehnsuchtsorte, wo Kinga Cichewicz das unkonventionelle Hippie-Leben schätzt. »Aber dort erneuere ich auch meine tiefe Liebe zu Europa. Erst der Verzicht auf manche Annehmlichkeiten wie warmes Wasser nämlich macht deutlich, wie selbstverständlich wir den Komfort hinnehmen, der woanders alles andere als normal ist«, weiß sie aus Erfahrung. Langfristig aber träumen sie und ihr Partner von einem Grundstück in Australien, am Meer. Darauf bauen sie ein kleines Haus, bekommen Kinder, im eigenen Garten wachsen Obst und Gemüse, und im separaten Atelier nebenan wird Kinga malen. Wenn sie davon erzählt, sieht man es schon vor

»Erst der Verzicht auf manche Annehmlichkeiten macht deutlich, wie selbstverständlich wir den Komfort hinnehmen, der woanders alles andere als normal ist«

sich und hat keinen Moment Zweifel, dass alles genauso kommen wird, wie sie es sich erhofft. »Ich bin eine starke Frau«, sagt sie, und es klingt wie ein Kommando zum Aufbruch. Die Frau lässt sich nicht aufhalten. Aber warum auch, ihre Ziele liegen ja glasklar vor ihr.

ÜBERALL DAHEIM

KINGA CICHEWICZ | LEHRERIN

KINGA CICHEWICZ
Wichtige Tipps

1

Kinga Cichewicz hat eine starke spirituelle Veranlagung. Sie sagt, sie erkennt die Aura eines Menschen und rät auch anderen, der Intuition zu vertrauen. Energiefresser und Menschen, die ihr nicht guttun, weist sie entsprechend von sich. »Aber ich kenne so viele tolle Menschen. Und was man gibt, bekommt man tausendfach zurück«, ist sie sich sicher. Auch wenn sich nicht alles sofort in barer Münze auszahlt – die innere Zufriedenheit ist viel mehr wert.

2

WAS MAN MIT DEM HERZEN TUT,
macht man gut. Und was man gut macht, bringt Erfolg. So bestechend logisch und klar lautet Kinga Cichewicz' Lebensphilosophie.

3

Kinga Cichewicz hat den Vergleich und lobt das deutsche Ausbildungssystem. Sie findet, dass Berufswechsel hierzulande leichter sind als in vielen anderen Ländern. Quereinstiege eröffnen Chancen auch jenseits des eigentlich erlernten Berufs. Und wer Lust hat, etwas anderes auszuprobieren, sollte es wagen.

4

SIE IST SICH SICHER:
Selbstsabotage ist der größte Feind im eigenen Kopf. »Man muss sich frei davon machen, immer zu zweifeln, und lieber mutig sein«, ruft sie zu mehr Courage auf.

Manchmal müsse man die Komfortzone verlassen, aber der Lohn dafür ist weniger langweilige Routine, dafür mehr Überraschung und Abenteuer.

Power bedeutet für Kinga Cichewicz
Mut – mutig zu sein, das Leben
zu leben.

KINGA CICHEWICZ | LEHRERIN

SERVICE

HERAUSFORDERUNGEN MEISTERN

Ein Interview mit der Mount-Everest-Besteigerin Helga Hengge

WWW.HELGAHENGGE.COM

1 **Sie haben vor der Mount-Everest-Besteigung als Moderedakteurin gearbeitet. War das damals Ihr Traumberuf?**

Nein, da bin ich unerwartet hineingestolpert. In der Schule habe ich davon geträumt, Reporterin für National Geographic zu werden und von großen Abenteuern, Kulturen und Menschen in den entferntesten Ecken der Welt zu berichten. Als Moderedakteurin bin ich auch viel gereist, nicht so entfernt und nicht so abenteuerlich, wie ich mir das erträumt hatte, aber auch in viele fremde Länder und Regionen, immer mit internationalen Teams, sodass der Beruf dann doch zu meinem Traumberuf wurde.

2 **Was haben Sie sich von der Besteigung des Mount Everest erhofft?**

Ich wollte einmal beim großen (für mich größten) Abenteuer der Bergsteigerwelt dabei sein und sehen, was es mit diesem Berg auf sich hat, von dem mir erst meine Großeltern und später die großen Bergsteiger erzählt haben. Bei fast jeder meiner Expeditionen in den Anden und im Himalaja war immer einer im Team dabei, der schon mal am Everest war oder einen anderen gut kannte, der schon am Everest war und der mit leuchtenden Augen vom höchsten Berg der Welt erzählt hat, von den Abenteuern, die er und andere dort erlebt hatten. Diese Geschichten haben mich in den Bann des Everest, den die Sherpas und Tibeter Chomolungma – Muttergöttin der Erde – nennen, gezogen. Ich glaube, ich hatte gehofft, das zu finden, was die Augen dieser rauen Männer und meiner Großeltern so zum Leuchten brachte, wenn sie von »ihrem« Berg sprachen.

3 **Wie ging es beruflich nach der Besteigung für Sie weiter?**

Nach der Besteigung hat sich bei mir zunächst nichts verändert. In meinem Job war der Everest-Erfolg nicht wichtig, ich wurde nach meiner Rückkehr eher gefragt, wie das »Shopping« in Tibet war und, ob ich – hoffentlich – viele neue Ideen, Kleider und Accessoires für ein Fotoshooting mitgebracht hatte. Ich habe genauso weiter als Moderedakteurin gearbeitet wie vorher, in New York und auf vielen Reisen. Weil ich die erste Deutsche war, die den Aufstieg erfolgreich geschafft hatte, hat mich dann ein Verlag gefragt, ob ich ein Buch schreiben möchte. Das habe ich neben meinem Job gemacht, oft abends, manchmal durch die Nacht. Als das Buch erschien, kamen Anfragen für Talkshows, Lesungen und Vorträge. Viele Jahre konnte ich beides gut verbinden.

4 Wo liegen die Parallelen zwischen dem Bergsteigen und der Arbeitswelt?

Der Berg ist die Herausforderung, der Gipfel das Ziel, in der Wahl der Route liegt die Strategie, im Basecamp das Headquarter, und die Höhencamps sind die einzelnen Etappen, die Schritt für Schritt zum Ziel führen. Das ist bildlich gesehen eine wunderbare Metapher, klarer, übersichtlicher als im richtigen Leben. Am Berg wie auch in der Arbeitswelt geht es darum, Projekte gut vorzubereiten, Teams zu führen und zu motivieren, objektive und subjektive Gefahren zu minimieren, mit Ressourcen zu haushalten, flexibel auf äußere Gewalten zu reagieren, Risiken einzuschätzen und Rückschläge zu verkraften. Am Berg steht das Team, das unterschiedliche Erfahrungen, Stärken und Talente mitbringt,

»Ich glaube, jeder Mensch hat in seinem Leben, beruflich und privat, einen Everest, manche werden uns von oben zugeteilt, andere suchen wir uns selbst aus.«

im Basecamp und blickt voller Stolz und freudiger Erwartung in die Nordwand, die majestätisch in die Höhe ragt; größer, gewaltiger und auf den ersten Blick unerreichbar hoch. In der Arbeitswelt ist es im Idealfall auch so.

Ich glaube, jeder Mensch hat in seinem Leben, beruflich und privat, einen Everest, manche werden uns von oben zugeteilt, andere suchen wir uns selbst aus. Der Aufstieg ist das Emporringen, Schritt für Schritt aus der Komfortzone hinaus; der Antrieb ist zu entdecken, was in uns steckt, über uns selbst hinauszuwachsen und ein besserer Mensch zu werden. Der Aufstieg fordert Mut, Willenskraft, Durchhaltevermögen, Vertrauen und sehr viel Respekt. Es sind am Berg nicht steile Gletscherabbrüche oder eisige Winterstürme, die das Team am Erfolg hindern, sondern die gleichen Schwierigkeiten, die uns so oft auch in der Arbeitswelt das Vorwärtskommen erschweren. Nämlich nach Rückschlägen die Kraft und auch den Mut zu finden, wieder aufzustehen und weiter aufzusteigen; auf den oft unübersichtlichen Etappen das große Ziel nicht aus den Augen zu verlieren; und in schwierigen Zeiten die Begeisterung und den Zusammenhalt im Team hochzuhalten. Es gibt viele Momente am Berg, die wir gut in die

Arbeitswelt mitnehmen können, zum Beispiel in schwierigen Zeiten den Rucksack von den Schultern sinken lassen, sich draufsetzen und hinunterschauen – um zu sehen, dass man schon Großes geschafft hat und dass das, was in diesem Moment so bedrohlich vor einem liegt, im Vergleich dazu gar nicht so gewaltig ist.

5 Wie lassen sich Herausforderungen meistern? Welche Strategien können Sie Frauen weitergeben, die ihren Traum von der Selbstständigkeit leben (möchten)?

In New York gibt es den Spruch »Don't give up your day job«. Das kann ich nur empfehlen. Ich habe lange in der Stille an meinem Traum gearbeitet, abends an der Kletterwand, frühmorgens in langen Joggingrunden um den Washington Square Park und in unendlichen Einheiten auf dem Steppgerät mit Gewichten im Rucksack, an den Wochenenden mit anderen Bergsteigern an den Felswänden Upstate New York. Dort habe ich trainiert, Kontakte geknüpft, mich inspirieren lassen und Mentoren gefunden, die mich bestärkt haben. Drei Jahre später, nach vielen »kleineren« Bergen, habe ich mein ganzes Erspartes genommen und mich um einen Platz im Everest-Expeditionsteam beworben. Das war ein großer Schritt, und ich habe lange mit mir gehadert, mich immer wieder gefragt, ob ich schon so weit bin, ob ich das schon darf, ob ich genügend Erfahrung habe – und vor allem, ob ich dem, was kommt, auch wirklich gewachsen bin.

Der richtige Zeitpunkt ist wichtig. Gehst du zu früh, übernimmst du dich und fällst deinem Team zur Last – dann fährst du enttäuscht nach Hause. Gehst du zu spät, sind deine Erwartungen an den Berg und den Erfolg zu hoch, wenn dann nicht alles genauso gelingt, wie du es geplant hast, fehlt oft die Flexibilität, die Neugier und der Respekt. Die Mitte zu finden ist die große Kunst – den Zeitpunkt, zu dem du gut genug bist, um einen starken Start hinzulegen, und genügend Kraft, Neugier, Mut, Respekt hast, um auf dem Weg nach oben dazuzulernen.

Einer meiner Mentoren hat damals zu mir gesagt: Wenn du glücklich bist beziehungsweise es dir das Investment wert ist, zwei Monate mit den Sherpas und deinem Team im Himalaja zu verbringen, deine Grenzen am Berg zu testen und so hoch wie möglich hinaufzusteigen, dann kannst du gehen. Wenn du unglücklich wärst, mit so einem großen Investment (35.000 Euro und zehn Wochen Auszeit) ohne den Gipfelsieg nach Hause zu fahren, dann solltest du nicht gehen. Vielleicht bedeutet das auch: Der Weg ist das Glück. Ich versuche, das immer zu beherzigen.

6 **Im beruflichen Umfeld ist man oft mit neuen Aufgaben und veränderten Rahmenbedingungen konfrontiert. Wie stellt man sich diesen gelassen entgegen?**

Ich mach das immer so: Ich nehme die Herausforderung an, in einem ersten Überschwang an Enthusiasmus und Geschmeicheltsein. Wenn es dann ins Tun geht, kommt ein Moment, in dem ich mich ärgere, über mein berufliches Umfeld, die Unverfrorenheit dieser neuen Aufgabe und über mich, dass ich mich mal wieder habe überreden lassen. »Das sag ich ab, ich will nicht, das macht keinen Sinn, ich habe gar keine Zeit ...« Der letzte Satz in dieser Reihe ist meist: »Das kann ich nicht.« Und ich glaube, das ist der Kern des Ärgers, die Angst zu versagen und die Verunsicherung, dem, was kommt, nicht gewachsen zu sein. Wenn ich das erkenne, versuche ich, bewusst umzuschalten, mir Mut zu machen. Dabei hilft mir oft die Neugier. Vielleicht ist die neue Aufgabe ja doch ganz interessant. Und der Gedanke: »Die trauen dir das zu, vielleicht ist es gar nicht so schwer.« Dann gehe ich an die Herausforderung wie an den Everest: Ich suche mir ein Team/Unterstützung, ich teile den Berg in kleinere Schritte/Etappen auf und fange an, mit viel Respekt und nicht zu großen Erwartungen. Auf dem Weg kommt dann die Gelassenheit, und die Freude/Stolz, etwas Neues gewagt zu haben – aber das ist manchmal ein langer Weg, mit vielen Ups and Downs.

7 **Was bedeuten Willenskraft und innere Stärke für Sie? Wie lassen sich diese trainieren?**

Willenskraft bedeutet für mich Entschlossenheit und innere Stärke Selbstvertrauen, beides kann man gut trainieren. Etwas Neues wagen, sich trauen, sich durch schwierige Zeiten kämpfen, dranbleiben – das kann man im Großen und im Kleinen üben, am besten jeden Tag. Ein Bergführer hat mal zu mir gesagt – als schon viele Tränen geflossen waren (nicht seine, sondern meine): »Du kannst schon nach Hause fahren, aber du solltest es erst tun, wenn du dir sicher bist, dass du dein Bestes gegeben hast. Das bist du dem Berg schuldig und der Idee, mit der du in dieses Abenteuer gestartet bist.« Und er hatte recht. Ich habe oft noch einmal eine Nacht darüber geschlafen, bin am nächsten Morgen aufgewacht und habe gedacht: Einmal probier ich's noch und geb mein

Bestes. Und die vielen Besten übereinandergestapelt haben mich zum Gipfel geführt. Diese Idee hilft mir oft durch herausfordernde Zeiten, sie gibt mir auf der einen Seite die Freiheit (dass ich entscheiden kann und nicht ausgeliefert bin) und fordert auf der anderen Seite Ehrlichkeit von mir mit mir.

8 **Rückschläge, Angst und Erschöpfung sind auch eine Parallele zwischen der Arbeitswelt und dem Bergsteigen. Wie schaffen Sie es, Positives daraus zu ziehen und weiterzumachen?**

Rückschläge, Angst und Erschöpfung gehören zur Herausforderung. Sie sind wichtig, um Grenzen zu erkennen, und auch ein Zeichen, dass ich mir ein großes Ziel ausgesucht habe, einen Berg, an dem ich wachsen kann. Eigentlich sind sie die besten Parameter dafür. Sie fordern Mut, Tapferkeit und Entschlossenheit. Wir sollten uns freuen, wenn sie uns begegnen. Aber das ist schwer, auch am Berg. Die Sherpas haben immer gelacht, wenn wir uns beschwert haben, dass das Wetter schlecht, die Bedingungen schwierig und der Aufstieg hart war. »Was habt ihr erwartet? Es ist der Mount Everest.« Rückschläge, Angst und Erschöpfung lehren uns auch Demut und Respekt. Ich muss immer an einen Nachmittag am Everest denken, als ich mit Loppsang im Basecamp im Küchenzelt saß. Wir saßen schon drei Tage und Nächte in einem grauenhaften Sturm fest, und die Aussichten waren düster. Nach all der harten Arbeit am Berg waren aus den großen Herausforderungen, vor denen wir so stolz gestanden hatten, fast unüberwindliche Probleme geworden. Die Stimmung im Bergsteigerteam war in die Tiefe gesunken, und ich bin in die Sherpaküche geflüchtet. Loppsang hat damals zu mir gesagt. »Helga, du musst dir keine Sorgen machen. Chomolungma (Muttergöttin) hat gemerkt, dass wir nicht mehr bei Kräften sind. Deswegen hat sie uns den Sturm geschickt, damit wir Zeit haben, uns auszuruhen und zu Kräften zu kommen. Und wenn sie merkt, dass wir so weit sind, wird sie uns die Sonne schicken, und dann werden wir mit Leichtigkeit weiter aufsteigen und unsere Arbeit am Berg fortsetzen.« Ich habe das unendlich bewundert, denn meistens haben wir in solchen Zeiten genau das Gegenteil getan. Wir haben mit unserem Schicksal gehadert, uns über den Berg geärgert und uns untereinander gestritten, anstatt die Zeit zu nutzen, uns zu stärken. Ich glaube, es hat etwas mit Vertrauen zu tun, dem Berg, den man sich ausgesucht hat, zu vertrauen.

Für mich gab es vor dem Everest drei ganz entscheidende Schritte zum Berg,
drei Phasen die ich Imagination, Inspiration, Transpiration nenne.

1 IMAGINATION

Die Phase, in der sich das Herz entflammt. Die Traumphase, in der man sich von der Größe des Traums nicht abschrecken lassen sollte. Ja, es waren (damals) nur heldenhafte Männer mit eingefrorenen Bärten an den höchsten Bergen der Welt. Und, nein, keiner von ihnen ist alleine aufgestiegen. Jeder hatte ein Team und viel Unterstützung am Berg. Und die meisten haben es nicht im ersten Anlauf geschafft. Wichtig in dieser Phase: sich nicht vom ersten Eindruck abschrecken lassen, von eigenen und fremden Vorurteilen und Schubladen. In Phase 1 geht es darum, genauer hinzuschauen, zu hinterfragen und auszuprobieren, mit viel Respekt, gesunder Distanz und nicht zu großen Erwartungen. Nach meinem ersten, kleineren Berg war mir klar: Ich liebe das Höhenbergsteigen, das ist meine Welt – und mir war auch klar, der Everest ist Champions League und ich spiele in der Kreisjugend. Also Enthusiasmus und totale Ernüchterung. Das ist gut, bedeutet, der Traum ist groß genug. Die Frage, ob ich den Everest/meinen Traum jemals schaffen werde, ist in dieser Phase nicht wichtig.

---

2 INSPIRATION

Die Phase, in der du dir Inspiration und einen Mentor suchst, jemanden, der es schon gemacht/geschafft hat. Das ist nicht der Zeitpunkt, schüchtern zu sein. Dein Herz brennt, du willst wissen, wie es geht. Stell dir ein Support-Team zusammen. Warnung: Das sind nicht (in meinem Fall) die »Nordic Walker im Wald«, die auch so gerne mal was Großes machen wollen. Die können dir nicht helfen, weil sie selbst noch auf der Suche sind. Halte dich in dieser Phase von ihnen fern und auch von denen, die überall Probleme sehen und Zweifel sähen. Es gibt immer tausend Gründe, etwas nicht zu wagen. Lass dich inspirieren. Ob du es jemals schaffen wirst, ist auch in dieser Phase noch nicht wichtig.

---

3 TRANSPIRATION

Phase des Trainings und der Vorbereitung. Du nimmst die Herausforderung an, dein Ziel fest in den Blick. Dies ist die Trainings- und Investitionsphase – Zeit, Geld, Energie, Herzblut. Erstelle dir einen Plan: Was brauche ich? Was muss ich tun? Etappenziele festlegen, Zeitplan erstellen, Team zusammenstellen. Auch: Fehler machen, ausprobieren. Und werde dir bewusst, auf was du ab jetzt verzichten musst. Erst in dieser Phase kannst du sehen, ob du deinen Traum verwirklichen kannst. Und, ob du es auch wirklich willst. Das weißt du erst, wenn du auf Partys/Urlaube/die Prada-Tasche verzichtest und stattdessen mit Gewichten im Rucksack auf dem Steppgerät aufsteigst – dreimal die Woche, monatelang mit einem breiten Grinsen im Gesicht. Vielleicht wird dir jetzt klar: Das ist es mir nicht wert. Auch gut. Dann kehrst du in Dankbarkeit zu dem zurück, was du schon fast aufgeben wolltest. Deshalb: »Don't give up your day job.«

Power bedeutet für mich
die Kraft, sich gegen Widrigkeiten
durchzusetzen. Power ist flüchtig
und auch ein Stück weit unberechenbar, Power ist eine Chance, die man
sich hart erarbeitet und trotzdem mit
Entschlossenheit ergreifen muss.
Für mich ist Power der Moment
des Gipfelsturms.

Finanzberaterin Friederike Fuchs erzählt

GELD IST AUCH FÜR FRAUEN DA!

Frauen und Finanzen – zwischen Verdrängen und Spaß

Geld begleitet den Großteil unseres Lebens, beeinflusst unseren privaten oder beruflichen Alltag und besonders unsere persönlichen Beziehungen.

Finanzielle Unabhängigkeit beginnt, wenn wir Frauen uns um unsere Finanzen selbst kümmern. Geld bedeutet Gestaltungsfreiheit und Sicherheit. Frauen verdienen immer noch weniger als Männer. Frauen pausieren aus »familiären Gründen«. Karriere-Gaps und Teilzeitfallen haben Auswirkungen auf die Altersvorsorge und den Vermögensaufbau. Wer weniger verdient, kann natürlich weniger Geld zurücklegen oder investieren. Hinzu kommt: Frauen leben im Durchschnitt länger als Männer. Das ist für uns Frauen erfreulich, bedeutet aber auch, dass wir noch mehr finanziell vorsorgen müssen.

Finanzen sind Frauensache!

Frauen schieben die langfristige Finanzplanung gern vor sich her. Gründe hierfür liegen in generationsübergreifenden Prägungen, die wir immer weiter mit uns mitschleppen. Geldanlage lag in den Händen von Vätern oder Ehemännern, war ein Tabuthema für Frauen. Unsere Einstellung zu Geld wird schon im Kindesalter kreiert und beeinflusst unbewusst unsere Finanzentscheidungen im Erwachsenenalter. Gönnen Sie sich eine Dosis Eigennutz und fragen Sie sich: Wie ist mein Money Mindset, und wo kommt es her? Die Erfahrung zeigt, wer sein Money Mindset kennt, erlangt einen entspannteren Umgang mit dem Thema Geld. Was Frauen (und Männer) außerdem vom Investieren abhält, ist fehlendes Finanzwissen. Finanzbildung muss aus meiner Sicht fester Bestandteil der Schulbildung werden.

Finanzielle Unabhängigkeit – was ist das?

Finanzielle Unabhängigkeit ist für jeden Menschen etwas anderes. Für manche ist es ein ausreichend hoher Notgroschen oder die Vorstellung vom Leben in Wohlstand, wie auch immer dieser definiert wird. Für andere ist es die Chance, eine Auszeit zu nehmen oder aus dem Berufsleben komplett auszusteigen.

Für mich heißt finanzielle Unabhängigkeit, wenn Frauen insbesondere im Alter oder wenn sie nicht (mehr) im Berufsleben stehen, ausreichend finanzielle Mittel zur Verfügung haben und nicht in die Altersarmutsfalle tappen.

Von daher sind in jeder Lebensphase, unabhängig von Budget oder Vermögen, grundlegende Finanzschritte entscheidend: Wo stehe ich aktuell? Welche Ziele möchte ich kurz-, mittel- und langfristig erreichen? Wie möchte ich im Alter leben? Was steht mir zur Verfügung, um diese Ziele zu erreichen? Keine Lösung ist es, sich auf den Partner, die Partnerin zu verlassen. Egal für welche Lebenssituation Sie sich entscheiden, ist es wichtig, dass Sie sich über die finanziellen Folgen, insbesondere im Alter, klar sind. Gehen Sie ins Gespräch, arbeiten Sie an Lösungen. Bei erheblichen Einkommensunterschieden könnte dies zum Beispiel eine »Ausgleichszahlung« in Form eines monatlichen Sparplans für Ihre Altersvorsorge sein. Verfolgen Sie konsequent Ihre Ziele und schöpfen Sie immer die Möglichkeiten Ihrer persönlichen Lebenssituation aus.

Niedrigzins und Mut zum Risiko – investieren statt sparen

Verschiedene Umfragen zeigen, dass Frauen in puncto Geldanlage auf Sicherheit setzen und Gelder auf Tagesgeld, Sparkonten und Festgeldern »rumliegen lassen« – und das, obwohl nur geringe oder gar keine Zinsen gezahlt werden. Noch gravierender als keine Zinsen ist das Risiko, langfristig Geld zu verlieren. Warum? Ziehen wir von den »Nullzinsen« eine durchschnittliche Inflation von 2 % ab, bleibt unterm Strich ein Minus übrig. Das bedeutet, solange Ihr Geld Erträge unterhalb der Inflationsrate erwirtschaftet, verlieren Sie Geld. Wir brauchen aber Erträge, die sogenannte Rendite, um Vermögen aufzubauen. Solange wir nur »sparen« und uns mit Niedrigzinsanlagen zufriedengeben, können wir dies nicht erreichen. Investieren heißt, Geld arbeiten zu lassen, damit es sich vermehrt.

Für den langfristigen Vermögensaufbau und die Altersvorsorge sind Aktien oder Aktienfonds je nach Risikoneigung ob als Sparpläne oder einmalige Anlage ein wichtiger Baustein. Leider denken viele Menschen bei Aktien zuerst an mögliche Risiken wie Kursschwankungen oder an die Gefahr, investiertes Geld zu verlieren.

Warum ist das so? Im Alltag wägen wir Risiken ab und wissen, dass es keine absolute Sicherheit gibt.

Wir bewerten Risiken, haben eine Vorstellung oder Erfahrung, akzeptieren und verschaffen uns diese Sicherheit. (Wir steigen aufs Fahrrad oder ins Auto und machen uns Gedanken. »Auweia, ich könnte jetzt einen Unfall bauen.«)

Ja, Aktienanlagen schwanken, Verluste können kurzfristig hoch sein und schmerzen. Zwei Punkte sollten Sie sich jedoch merken:

• Langfristig gleichen sich diese Schwankungen durch die besseren Ertragschancen aus. Aktienanlagen sind trotz aller Krisen nach wie vor langfristig die rentabelste Anlageform.
• ZEIT spielt also eine große Rolle bei der Aktienanlage. Mehr Zeit für Ihre Ziele erlaubt, mehr kurzfristige Risiken einzugehen und größere Kursschwankungen auszusitzen.

Nachhaltige Geldanlage – Geld gibt Macht

Die derzeitigen globalen Verwerfungen machen unsere Herausforderungen an Ökologie, Ökonomie und Gesellschaft deutlicher denn je. Wie wollen wir morgen leben, und wie können wir kommenden Generationen die Lebensgrundlagen erhalten? Wie funktioniert Wohlstand und Wirtschaftswachstum, wenn wir gleichzeitig unseren Planeten und die Menschheit schützen wollen?

Die »Macht« des Geldes spielt hier gerade aktuell im Bereich des Klimaschutzes eine zentrale Rolle. Das auch politisch gewollte Ziel ist, Geldströme zu lenken, um Einfluss auf Unternehmen und Wirtschaft zu nehmen. Somit sollen Unternehmen »gezwungen« werden, nachhaltiger zu wirtschaften. Genau damit beschäftigt sich die nachhaltige Geldanlage. Diese bezieht neben den klassischen Anlagezielen Rendite, Verfügbarkeit und Sicherheit auch ökologische, ethische und soziale Kriterien mit ein.

Hier existieren unterschiedliche Ansätze, die einzeln oder in Kombination umgesetzt werden. Stichworte sind hier zum Beispiel ESG-Integration, SDGs (Sustainable Development Goals), Positiv- und Negativkriterien (Ausschlusskriterien), Best in Class, Impact. Ein breites Spektrum, Geld nachhaltig zu investieren, bieten Investmentfonds, und dies für unterschiedlichste Risikoneigungen.

Nachhaltige Geldanlagen sind sehr vielschichtig. Eine Anlageentscheidung zu treffen sollte mit Ihrer Einstellung einhergehen: Was bedeutet für mich Nachhaltigkeit und wie möchte ich aus meiner persönlichen Haltung heraus nachhaltig anlegen? Möchte ich in bestimmte Geschäftsmodelle, Branchen oder Unternehmen nicht investieren? Gibt es bestimmte Branchen oder Bereiche, die ich unterstützen möchte?

Einfach machen!

Wir Frauen neigen, da schließe ich mich auch nicht aus, zu einem »weiblichen Perfektionismus«. Auf die Geldanlage übertragen, führt das dazu, dass wir häufig sehr viel Zeit aufwenden, um uns über Bücher, Blogs, Podcasts oder Finanzkurse zu informieren. Finanzwissen ist absolut wichtig, allein schon um zu hinterfragen oder sich nicht ahnungslos »über den Tisch ziehen zu lassen«. Wir können aber auch nicht in allen Bereichen 100 % geben, jeder Tag hat nur 24 Stunden! Wichtig ist anzufangen, verlieren Sie keine Zeit, in der Ihr Geld für Sie arbeiten kann. Je früher Sie beginnen, desto besser.

DIE EIGENE KLARHEIT FINDEN

Ein Interview mit Clarity-Coach Katharina Hahn

WWW.CLARITYCOACH.DE

1 Was war Ihr Traumberuf als Kind und warum?
Ich wollte Detektivin oder Journalistin werden, um an verschiedenen Orten unterwegs sein und spannende Fälle aufdecken zu können.

2 Wie haben Sie in Ihren aktuellen Beruf gefunden?
Ich habe einen ziemlich guten Start ins Jobleben hingelegt: Praktika in New York, internationales Studium, viel Verantwortung im ersten Agenturjob. In meinem zweiten Job wurde mir gekündigt. Ein herber Rückschlag. Ich habe die Auszeit danach bewusst genutzt, um mich mit Persönlichkeitsentwicklung, verschiedenen Arbeitsmodellen, Coaching und Co. zu beschäftigen. Es hat noch ein paar Jahre und eine Zwischenstation gebraucht, um im Heute anzukommen: Festanstellung in einer New-Work-Beratungsfirma und selbstständiger Clarity Coach.

3 Denken Sie oft an Ihre Berufswünsche zurück?
Eher selten, wobei ich Journalisten nach wie vor sehr bewundere. Was sicher geblieben ist, ist die Neugier auf Unbekanntes und das Aufdecken von Beweggründen und Motiven in meinen Jobs.

4 Was macht Ihnen an Ihrem Beruf am meisten Spaß?
Ich finde Veränderung sehr spannend. Es birgt immer Potenzial für Neues, Unentdecktes und das Überwinden von Widerständen sowie Loslassen. Das erlebe ich zum einen mit meinem Kunden im Organisational Change (New Work), aber auch mit meinen Coachees, die eine positive Veränderung ihrer persönlichen Situation anstreben. Der Weg dorthin ist manchmal nicht einfach oder verkopft, deswegen mag ich meine Rolle als hinterfragende Begleiterin.

5 Was genau ist Ihre Aufgabe als Clarity Coach?
Als Clarity Coach unterstütze ich meine Coachees dabei, ihr intuitives Tuning für mehr Klarheit in unterschiedlichen Lebensbereichen zu finden. Wir sind häufig geprägt von äußeren Einflüssen, die sich zum Teil in toxischem Verhalten verfestigen. Das durchbrechen wir und arbeiten an neuen, nachhaltigen Gewohnheiten.

6 Was können wir unter »nachhaltigen Gewohnheiten« verstehen? Wie können uns diese positiv beeinflussen?
Nachhaltige Gewohnheiten sind Handlungen, die unserem Naturell entsprechen. So reagiert etwa jemand in einem emotionalen, kritikgeladenen Gespräch auf eine Art und Weise, wie man es sich bei jemand anders abgeschaut hat, und erreicht damit aber ständig nur Frust auf beiden Seiten. Bleibt man sich treu und nimmt sich selbst den Druck raus, »auf eine bestimmte Art reagieren zu müssen«, kann ein solches Gespräch eine ganz andere Dynamik annehmen. Dazu gehört, zu seiner persönlichen Art und vermeintlichen »Schwächen« zu stehen – beziehungsweise diese im ersten Schritt zu entdecken und anzuerkennen.

7 Was bedeutet Klarheit für Sie? Hat Sie jemand auf dem Weg zu Ihrer eigenen Klarheit begleitet?

Klarheit bedeutet für mich, mein Leben selbstbestimmt zu führen und mir treu zu bleiben. In einer Welt, die »immer besser und schneller« ist, es ständig irgendwo blinkt und meine Aufmerksamkeit und mein Handeln beeinflussen möchte – da mal innehalten und sich fragen, ob ich das wirklich will. Das ist gar nicht so einfach. Für meine Klarheit war (und ist immer noch) die Auseinandersetzung mit meinen Werten und Stärken sowie die Reflexion meines Verhaltens auf meine Umwelt essenziell.

8 Unsere Umwelt ist oft ein Grund dafür, dass wir von Zielen abkommen, uns nicht stark genug fühlen. Wie können Ablenkungen und Informationsflut konkret ausgeblendet werden, um sich auf sich selbst zu fokussieren?

Dazu muss man diese Ablenkungen abschalten, und zwar konsequent. Und wenn nur temporär. Für den einen ist es der Spaziergang im Wald ohne Handy, der Nächste schließt sich in einem ruhigen Zimmer ein und schreibt Gedanken auf, während wiederum andere sich bewusst auf ein Gespräch mit Freunden einlassen. Es gilt, sich klarzumachen, was die Ablenker konkret sind. Und es hilft zu verstehen, dass zum Beispiel Apps so designt wurden, damit wir möglichst viel Zeit darin verbringen – es also nicht an mangelnder Willenskraft liegt, dass man immer weiter scrollt, sondern da ganz simple psychologische Muster ausgenutzt werden. Momente der Ruhe sind heute kostbar und sollten entsprechend wertgeschätzt werden.

9 Mit welchen Themen kommen Klienten auf Sie zu? Kann man hier von einem »klassischen Klienten« sprechen oder sind die Themen – trotz der klaren Coaching-Richtung – doch sehr vielfältig?

Manche Klienten kommen mit einer diffusen Unzufriedenheit zu mir: Sie haben eine Ahnung, woran dies liegen könnte, aber oft spielen mehrere Themen rein. Wir beleuchten dann verschiedene Lebensbereiche, um den genauen Auslöser zu finden. Und der ist manchmal dann doch ein ganz anderer als ursprünglich vermutet. So war etwa einmal eine vermutete Unzufriedenheit im Job tatsächlich ein Mangel im persönlichen Wachstum. Andere Klienten kommen mit einer akuten Fragestellung oder einem bereits identifizierten toxischen Verhalten zu mir, und wir arbeiten gemeinsam an einer Veränderung.

10 Mit welchen Hilfestellungen kann man seine persönlichen Stärken etwas besser erkennen?

Es gibt einige Online-Stärkentests, zum Teil kostenlos, die sind ein guter Startpunkt für Selbstreflexion. Auch super: Frage dich, welche drei Personen du bewunderst. Und dann wieso. Das lässt schon gute Rückschlüsse auf deine Werte zu. Wer sich traut, fragt mindestens drei enge Freunde oder Familienmitglieder, was du richtig gut kannst und wofür du in ihrer Wahrnehmung brennst.

11 Was war bisher Ihr größter beruflicher Erfolg?

Für mich war es sicher ein großer Erfolg, die Arbeit, die ich in meine Persönlichkeitsentwicklung selbst investiert und erfolgreich angewendet habe, nach über fünf Jahren nun in meinem Coaching auch anderen anbieten zu können. Und das parallel zu einer erfüllenden Festanstellung sowie meinem ehrenamtlichen Engagement. Was sich nach viel anhört, ergänzt sich tatsächlich für mich sehr gut, und aus dieser Kombination ziehe ich viel Energie.

12 Wie gelingt es, sich selbst realistische, aber motivierende Ziele zu setzen?

Ich finde es fantastisch, groß zu denken und wilde Visionen zu haben. Das ist ein sehr guter Ausgangspunkt. Falls es mehrere sind, nimmt man sich die vor, bei denen es am meisten prickelt. Und bricht diese Vision Stück für Stück in immer kleinere Ziele herunter. Ich träume vom Häuschen im Grünen mit Hängematte im Garten? Dann steht wohl ein Hauskauf an. Was ist dafür notwendig? Teile es auf in Immobiliensuche, Finanzierung usw. Dafür ist ein Gehaltsgespräch mit Vorgesetzten notwendig?
Mache morgen einen Termin mit ihnen aus.

Power sollte immer ein Begriff sein, den ich für mich selbst definiere. Ich finde, er kann oft überwältigend wirken. Power muss nicht immer laut sein. In der Ruhe liegt die Kraft – und Klarheit.

SERVICE | KATHARINA HAHN

»JEDER MENSCH BRAUCHT ALLE FARBEN«

Die Farbberaterin Stefanie Rhaden erzählt

Was ist, wenn einer »rotsieht«, »schwarz-weiß denkt« oder es »zu bunt treibt«?
Farben sprechen aus dem tiefsten Unterbewussten und wirken ganz unmittel-
bar auf unsere Stimmung.

»Bei meiner Farbberatung steht der individuelle Mensch im Mittelpunkt, wie Farben auf ihn persönlich wirken, wie er Farben erfährt«, sagt Stefanie Rhaden, Gründerin der Impuls Agentur im Münchner Lehel. Mit Farben bringt sie in ihren Impuls-Sitzungen und Mediationen Weiterentwicklung in Gang, selbst dort, wo etwas stark blockiert scheint oder gar zu eskalieren droht.

Jede Farbe erzielt eine Wirkung. Stefanie Rhaden spricht hier gerne von Farbwesen oder Farbaussagen. »Die Aspekte und Wirkungen einer Farbe lassen sich auf Menschen und ihre Situationen übertragen, denn jeder Mensch ist ein Licht- beispielsweise Farbwesen. Nicht umsonst bewundern wir oft die Ausstrahlung eines Menschen – wie die von Farben eben.«

ES GIBT ZWEI UNTERSCHEIDUNGEN:

Das äußere Erscheinungsbild: Es zeigt den Farbtypen. Er wird entsprechend den Jahreszeiten beschrieben (Frühling-, Sommer-, Herbst- und Wintertypen mit deren Mischformen). Die Typbildung ist genetisch festgelegt und zum Beispiel anhand der Augen-, Haar- und Hautfarbe zu ermitteln. Für jeden Farbtypen gibt es einen Farbpass, mit Farbtönen, die sein äußeres Erscheinungsbild stärken.

Die Farbpersönlichkeit: Diese geht mit den Seelenkräften der Farben einher. Hier lassen sich Persönlichkeitsbilder bestimmen und »malen«. Mit den passenden Farben kann jeder seine Orientierung, seinen inneren Kompass finden. Die Definition einer Farbpersönlichkeit ist zunächst eine Momentaufnahme. Es geht darum, alle Farben individuell und harmonisch im Leben in Einklang zu bringen.

»Generell gilt: Das Leben ist so bunt, wie du bereit bist, es dir zu malen!«

> Power hat bei mir die Farben Rot oder Magenta, sie sind es, die Überzeugung, Begeisterung und Leidenschaft in mir wecken. Aber richtig gut wirken kann Power erst im Zusammenspiel mit Counterparts: Entspannung und Stille. Beide Kräfte bedingen sich und sind immer wieder in Einklang zueinander zu bringen. Dann fühlt sich das Leben für mich rund an.

Trotz Unterscheidungen: Beide Themen greifen ineinander. Wenn wir unser äußeres Erscheinungsbild ändern, fühlen wir uns anders und werden von anderen auch anders wahrgenommen.
Innerliche und äußerliche Entwicklungen sind dabei stets miteinander verbunden und in Bewegung. Manchmal harmonisch, manchmal aber auch nicht.

Die Farbpsychologie beschäftigt sich mit
· Farben, die wir mögen,
· Farben, an denen wir uns reiben,
· Farben, die wir brauchen.

Mit den Lieblingsfarben präsentieren wir einen Teil unserer Persönlichkeit, nämlich den, den wir mögen, oder den, der wir sein wollen.

Farben, die wir ablehnen, zeigen Anteile, Entwicklungsschritte, die nicht rund laufen beispielsweise die wir nicht wahrnehmen wollen. Das Leben ist so bunt, wie du bereit bist, es dir zu malen.

TIPP ZUM AUSPROBIEREN AM ARBEITSPLATZ

Regelmäßig ins Grüne schauen: Wer keinen Platz für Pflanzen hat, dem können grüne Smoothies helfen. Grün kann der Inspiration dienen und erfrischen.
Gelb kann erhellen und Orange Freude geben, während die komplementäre Farbe Violett oft etwas Erhabenes hat. Blau kann beruhigen und bei der Klärung friedvoller Verhandlungen für die richtige Stimmung sorgen.
Setzen Sie die Farben beispielsweise in **schönen Accessoires** auf dem Schreibtisch, in Notizbüchern oder Schriftfarben ein. Sie liegen nicht nur zur Zierde im Regal, sondern können uns animieren, offen und reflektiert zu bleiben.

Aber Achtung: Farben sind weder Wunschkonzert noch Bestellsystem. Der Mensch muss schon willig und fähig sein, mit ihnen in Resonanz zu gehen.

RUHE UND ORDNUNG

Ein Interview mit Aufräum-Expertin Veronica Zapp

www.veronicazapp.de

Wir nehmen uns immer wieder vor, ab jetzt ordentlicher und strukturierter an unserem Platz zu arbeiten. Was sind typische Fehler bei einem »Neustart«?

Viele wollen zu viel auf einmal. Die Akten von fünf Jahren »mal schnell« aussortieren, alles digitalisieren und eine neue Ablageroutine etablieren. Natürlich sind das alles tolle Ziele – aber das, was sich jahrelang angesammelt hat, der physische und vor allem auch der mentale Ballast, verschwindet nicht über Nacht. Es dauert Zeit, sich neue Gewohnheiten und Glaubenssätze anzueignen. Es kostet auch oft Überwindung hinzuschauen, warum man etwas vermeidet oder nicht loslassen kann. Genau das aber – die Mindset-Arbeit sorgt dafür, dass es dauerhaft organisiert bleibt, im Kopf und auf dem Schreibtisch.

Wo fange ich am besten an, etwas zu ändern?

Wichtig ist, sich dort abzuholen, wo man gerade steht. Das ist sehr individuell. Manche meiner Klientinnen haben gar keinen Kalender, wenn wir anfangen, miteinander zu arbeiten, andere sind komplett durchgetaktet und wünschen sich mehr innere Ruhe. Es ist sehr hilfreich, sich die richtigen Fragen zu stellen: Was stört mich am meisten? Was ist mein konkretes Ziel und warum? Wenn man das genau weiß, ist es leichter dranzubleiben. Die wenigsten haben Lust darauf, ihren Papierkram auf Vordermann zu bringen. Ein organisiertes Office will aber jede/r haben. Wie kann ich das erreichen? Indem ich kleine Schritte gehe – dafür aber kontinuierlich. So kann ich zum Beispiel jeden Tag gleich die Post öffnen und kurz durchgehen, die Werbung gleich ins Altpapier werfen und nur die Briefe behalten, die eine Aktion benötigen. Diese Post kommt in ein spezielles Fach und wird zu einem festgelegten Zeitpunkt bearbeitet. Erst wenn eine kleine Routine gut sitzt, nehme ich die nächste dazu, zum Beispiel jeden Abend 15 Minuten »klar Schiff« machen und alles wieder an seinen Platz zurücklegen.

Und wenn sich die Papierberge bereits türmen oder der E-Mail-Posteingang überquillt?

Dann dafür sorgen, dass von nun an feststeht, wie der Papierkram oder E-Mails gehandhabt werden. Benötigt das eine Aktion oder muss das nur abgelegt werden? Erst dann nach und nach den alten Berg abtragen. Alle Papiere an einem Ort sammeln und entweder in einem Ruck (wenn man die nötige Energie hat) oder einmal in der Woche eine Stunde oder jeden Tag 15 Minuten alles Nötige abarbeiten. Egal wie, Hauptsache, man fängt an und sieht schnelle Erfolge. Alte E-Mails in einen Archiv-Ordner verschieben und mit einem leeren E-Mail-Eingang neu beginnen. Auch dort vorher überlegen, welche Ordner man wirklich braucht und ob Unterordner notwendig sind. Die Struktur so simpel wie möglich halten.

Mit welchen Tipps können wir sonst noch Ruhe und Ordnung bewahren?

Jedes Ding benötigt einen festen Platz. Auf dem Schreibtisch nur die wichtigsten Dinge stehen haben, die wirklich ständig genutzt werden. So viel wie möglich im Voraus planen und entscheiden und sich selbst nicht zu viele Optionen geben. Hört sich erst mal strikt, unsexy und unflexibel an, ist aber genau das Gegenteil. Eine gute Planung ermöglicht so viel Freiraum – weil man alles bewusst macht, sich fokussieren kann und genau weiß, was die nächsten Schritte sind. Das wiederum sorgt nicht nur für mehr Platz in Haus und Kalender, sondern vor allem für weniger mentale Überforderung. Gerade in der jetzigen Zeit wichtiger denn je.

MIT MEINEN KUNDEN DURCHLAUFE ICH EINEN 5-SCHRITTE-PROZESS

1 BEWUSSTSEIN ERHÖHEN
Was stresst/stört mich am meisten? Was ist das Problem/die Ursache? Methoden: Tracking – wie verbringe ich bisher meine Zeit; Journaling – sich gezielte Fragen stellen; Selbst-Coaching.

2 ENTSCHEIDUNGEN TREFFEN Wie soll mein Homeoffice aussehen? Möchte ich Ordner oder Hängeregister? Arbeite ich hier nur oder wird der Raum auch anderweitig genutzt?

3 PLANEN Wie sieht meine ideale Woche aus? Wann mache ich die Ablage? To-dos in genauen Zeitblöcken in den Kalender eintragen.

4 PLAN UMSETZEN Dem Kalender folgen, ausmisten, Routinen etablieren.

5 EVALUIEREN Was lief gut, wo kann ich nachjustieren?